VORWO

W0415990

Hallo, liebe Jungscharmitarbeiterinnen und Jungscharmitarbeiter!

Wenn man bei Songtexten im Radio mal genauer hinhört, dann vernimmt man immer wieder Sätze wie „Gib mir was, irgendwas, das bleibt!“. Wir sehnen uns nach etwas, das bleibt. Nach etwas, das morgen immer noch gültig ist. Was im Leben wie im Sterben hält und trägt. Versprechen und Verträge werden gebrochen oder verlieren ihre Gültigkeit. Die Bibel - Gottes Liebesbrief an uns Menschen - bleibt gültig! „Himmel und Erde werden vergehen, meine Worte aber werden nicht vergehen!“ - das verspricht uns Jesus Christus (Markus 13,31). Er gibt uns mit seinen Versprechen eine Hoffnung, die über dieses Leben hinausgeht und ewig Bestand hat! Auf sie ist morgen immer noch Verlass!

Und das ist das Anliegen dieses Buches. „Sola scriptura“ hieß es zur Zeit der Reformation! Das bedeutet, dass die Heilige Schrift die alleinige Autorität und Grundlage für unseren Glauben hat. Die Bibel ist komplett, maßgebend und wahr. „Alle Schrift ist von Gott eingegeben und nützlich zur Lehre, zur Überführung, zur Zurechtweisung, zur Unterweisung in der Gerechtigkeit ...“ (2. Timotheus 3,16). Wenn unsere Beziehung zu Gott immer tiefer werden soll, dann braucht es das Gespräch mit ihm, das Reden mit ihm und das Hören auf ihn. Das gilt es schon als junger Mensch anzufangen und einzuüben! Nicht ich stelle Gottes Wort in Frage, sondern die Bibel stellt mich und mein Leben in Frage! Gott hinterfragt mich und will durch seine Worte mein Leben prägen und verändern.

Welcher Bibelvers hat dich selbst schon sehr persönlich angesprochen?
Wo hast du Gottes Wort schon als Schatzkiste entdeckt?
Wie und wann liest du für dich persönlich die Bibel?
Bist du dran am Wort, das Leben schafft?

Es gibt heute sehr viele Kinder, die geistliche Analphabeten sind. Sie wissen alles über sämtliche Bundesligastars, kennen alle Sänger und Bands der Charts mit ihren noch so schrägen Texten, und sie können alle technischen Daten jeder Pokemon-Figur im Schlaf zitieren, aber wissen wenig bis nichts aus dem Buch der Bücher ...

Wie kann ich nun dieses Leben schaffende Wort Gottes meinen Kindern lieb machen? Was könnte ich machen, sagen, tun usw., damit meine Kinder den Wert dieses einmaligen Buches (neu) entdecken, es lesen, Bibelverse auswendig lernen und sie somit in sich tragen? Wir brauchen als Christen offene Ohren und hörende Herzen für Gottes manchmal leise

Stimme in einer lauten Welt. Seine Gedanken sollen immer mehr meine Gedanken werden, sein Wesen will ich immer besser kennenlernen. Das geschieht hauptsächlich durch die Beschäftigung mit seinem Wort, das er uns anvertraut hat.

Ich wünsche mir, ...
... dass die Bibel bei meinen Kindern bekannt, geliebt und gelesen wird.
... dass die Kinder neu motiviert täglich/regelmäßig in ihrer Bibel lesen.
... dass Kinder ihre eigene Bibel regelmäßig in die Jungschar mitbringen.
... dass sich die Kinder in ihrer Bibel immer besser auskennen.
... dass die Kinder mit der Zeit von der Bibel her auf Fragen antworten können.

Nun wünsche ich euch gute Erfahrungen mit diesem Buch, damit das Buch der Bücher bei unseren Kindern immer beliebter und gelesen wird.

Gott mit euch!

Björn Steinhilber

„Wie kann ein junger Mensch sein Leben meistern?
Indem er sich hält an deine Worte.
Dein Wort ist meines Fußes Leuchte
und ein Licht auf meinem Wege."
Psalm 119,9.105

Hinweis zu den Arbeitsblättern und Kopiervorlagen

Zu jeder Einheit gibt es ein Arbeitsblatt für die Kinder, das sie in der Gruppe oder zu Hause ausfüllen können. So haben sie Spaß bei den Rätseln und die wichtigsten Infos noch einmal zusammengefasst.
Die Arbeitsblätter und Kopiervorlagen aus diesem Buch dürfen zum Zwecke der Vorbereitung und Durchführung der Einheiten dieses Buches kopiert werden.
Die Arbeitsblätter und Kopiervorlagen sowie einige der Illustrationen stehen außerdem zum kostenfreien Download unter **download.bornverlag.de** als PDF zur Verfügung. Der Kauf des Buches berechtigt auch zum Download und zum Ausdruck dieser Daten im Rahmen der Vorbereitung und Durchführung der Einheiten dieses Buches. Eine Vervielfältigung oder Weitergabe in jeglicher Form darüber hinaus ist nicht gestattet.

INHALTSVERZEICHNIS

Einsatzmöglichkeiten dieses Buches

Jetzt seid ihr als Mitarbeiterteam an der Reihe

Setzt euch als Mitarbeiterteam zusammen und überlegt gemeinsam, wie ihr dieses Buch einsetzen und was ihr in welchem Zeitraum mit eurer Jungschargruppe erreichen wollt. Verschafft euch zuerst einen Überblick über die Inhalte und Ideen dieses Buches.
Ihr könnt dieses Buch für die kontinuierliche Arbeit mit Kindern einsetzen, z. B. in einer wöchentlichen Jungschar, im Kinderprogramm während des Gottesdienstes oder auch als einzelne Bausteine für einen Jungschartag, ein Gemeindefest usw.
Hier zeige ich euch verschiedene Einsatzmöglichkeiten auf:

1. Komplette Stundenentwürfe für die Jungschar

Ihr könnt die Bausteine dieses Buches z. B. als Vierteljahresprogramm in einer Jungschar oder im Kinderprogramm während des Gottesdienstes einsetzen. Oder ihr teilt die Einheiten auf und führt 3-4 Einheiten nacheinander durch, macht dann wieder ein anderes Thema und führt 6-8 Wochen später wieder einen Block mit 3-4 Einheiten durch. Genauso kann natürlich auch jede Einheit für sich allein stehen.

	Andacht (ab Seite 19)	**Inhalt/Thema**	**Spiele (ab Seite 75)**	**Ideen (ab Seite 119)**
1	**Die Bibel ist immer gültig! Markus 13,31**	Gottes Worte vergehen nicht!	Spiel 9, Seite 83	Lied: Himmel und Erde
2	**Die Bibel hat Biss! Hebräer 4,12**	Gottes Worte haben Power!	Spiel 1: Bibel hoch, Seite 75 Spiel 2: Bibelfußball, Seite 75	Kreatives 4: Schriftrolle basteln, Seite 126
3	**Der Bibel auf der Spur! 2. Timotheus 3,16**	Gottes Worte kommen von Gott, wurden von Menschen aufgeschrieben!	Bibelübersetzung Bild von Rembrandt	Kreatives 1: Bibeliothek, Seite 119
4	**Die Bibel von A bis Z Offenbarung 22,13**	Überblick über Gottes Wort	Programm 2: Der Große Preis, Seite 97 Spiel 6: Bibelbücher sortieren, Seite 82 Spiel 1: Bibel hoch, Seite 75 Spiel 2: Bibelfußball, Seite 75	Kreatives 1: Bibeliothek, Seite 119
5	**Schnuppernase - Steck die Nase in die Bibel! Jeremia 29,13b-14a**	Hab den Mut, dich auf Gott und sein Wort einzulassen!	Spiel 10: Schnuppernase, Seite 84	Kreatives 3: Papier herstellen, Seite 124

6	**Ich will verstehen, was Gott sagt! Römer 10,17**	Sich mit Gottes Wort auseinander-setzen und verstehen	Reise nach Jerusalem Geländespiel 3: Gutenberg-GmbH & Co. KG, Seite 89 Program 4: Heiße Kartoffel, Seite 98	Lied: Ich stehe fest auf dem Fels
7	**Zeit mit Gott - wieso, weshalb, warum? Psalm 86,11**	Weshalb brauche ich „Stille Zeit"?	Programm 8: Bibel-bücher-Dart, Seite 109 Programm 9: Bibel-Rallye, Seite 118	Lied: Jeden Morgen freue ich mich auf dich
8	**Zeit mit Gott verbringen - aber wie? Apostelgeschichte 2,42**	Wie kann ich meine „Stille Zeit" gestalten?	Geheimsprache (Andacht 8, Seite 55)	Spiele zum Thema „Umgestalten", z.B. verkleiden, mit Klopapier ein-wickeln, frisieren, schminken usw. „Petrus redet ver-stört" - witzige Redespiele Lied: Jeden Morgen freue ich mich auf dich
9	**Halte dich an das Rezept! Psalm 119,9**	Gottes Wort lässt mein Lebenskonzept gelingen!	Geländespiel 1: Suchen & finden[2], Seite 86	Kreatives 2: Koch-duell, Seite 122 Obstsalat Marmorkuchen (Rezept Seite 59) Gemeinsam etwas Einfaches kochen, z. B. Hawaii-Toast, Pizza usw.
10	**Sei selbst ein Brief von Jesus! 2. Korinther 3,3**	Ich will Gottes Wort und seine Liebe weitergeben und weitersagen	Geländespiel 2: Bibelvers-Schmugglerei, Seite 88	Highlight 3: Sozial, diakonisch, missionarisch mit Kindern unterwegs sein, Seite 135

2. Vorschlag für eine Kinderbibelwoche

Der Einsatz dieses Buches in einer Kinder- oder Schülerbibelwoche könnte z. B. so aussehen:

Bibel hat Biss	1. Tag	2. Tag	3. Tag	4. Tag	5. Tag	6. Tag / Gottesdienst
Thema/Inhalt	Gottes Wort hat Kraft	Gott kennen lernen	Stille Zeit ist wichtig	Auf Gott hören	Nachfolge	Gottes Wort gilt! Immer!
Andacht	**2. Die Bibel hat Biss!**	**6. Ich will verstehen, was Gott sagt!**	**7. Zeit mit Gott verbringen**	**9. Halte dich an das Rezept!**	**10. Sei selbst ein Brief von Jesus!**	**1. Die Bibel ist immer gültig!**
Merkvers	**Hebräer 4,12**	**Römer 10,17**	**Psalm 86,11**	**Psalm 119,9**	**2. Korinther 3,3**	**Markus 13,31**
Liedvorschläge	Wir glauben, was die Bibel sagt / Hast du den rechten Kurs / Superbuch	Ich stehe fest auf dem Fels / Wir glauben, was die Bibel sagt / Superbuch	Jeden Morgen freue ich mich auf dich / Ich stehe fest auf dem Fels / Hast du den rechten Kurs	Jeden Morgen freue ich mich auf dich / Hast du den rechten Kurs / Superbuch	Wir glauben, was die Bibel sagt / Himmel und Erde	Jeden Morgen freue ich mich auf dich / Ich stehe fest auf dem Fels / Himmel und Erde
Wochenlied (Lied jeden Tag singen)	z. B. „Ich bin ein Bibelentdecker“ oder „Die B-I-B-E-L“					
Spiele/ Bastelideen	Teilt die Kinder in kleine Gruppen ein und spielt mit ihnen einzelne Spielideen dieses Buches, z. B. verschiedene Wortspiele aus Spiel 4; Spiel 5; 6; 7; 8; Bastelideen: Kreatives 1; 3; 4; 5					Spiel 9 und das Beste der Woche wiederholen
Idee für die Leitfigur	Erfindung: Ein Kraft-Drink, sieht komisch aus (Lebensmittelfarbe), er stellt ihn vor, probiert ihn, er wartet auf die Wirkung, diese bleibt aber völlig aus, ihm wird schlecht	Erfindung: Eine Brille zum Übersetzen von Hieroglyphen, er betrachtet verschiedene Symbole an der Wand (z. B. Smile, Verkehrszeichen, Warnschilder usw.) und „liest“ vor, was das bedeutet, er gesteht sich ein, dass die Brille nicht funktioniert und er sie noch weiterentwickeln muss	Erfindung: Ohrenstöpsel, mit denen man ganz laut Musik hören kann, es soll deutlich werden, dass sie ihren Sinn nicht erfüllen	Der Paketdienst liefert einen neuen besonderen Apparat (z. B. Karton mit Alufolie und Knöpfen bekleben, Draht als Antenne usw.), der Professor weiß nicht, für was er gut ist, tut aber so, als ob er es wüsste, will ihn zum Laufen bringen, auf die Betriebsanleitung verzichtet er hochmütig, wirft sie weg, er macht am Apparat rum bis er kaputtgeht	Erfindung: Schuhe, die von selbst laufen, er läuft ununterbrochen und kommt nicht mehr zur Ruhe, die Geschwindigkeit kann man variieren, dann geht der Knopf kaputt, er läuft immer schneller und verschwindet	Erfindung: Eine Briefmarke, die immer gültig ist, weil man den Stempel immer wieder abwischen kann, er stellt sie vor, preist sie hoch an und erzählt wie oft er sie schon benutzt hat, dann klingelt es an der Türe, der Postbote ertappt ihn, er sieht es ein und bezahlt seine Briefe

Möglicher Tagesprogrammablauf einer Kinder- oder Schülerwoche

für zwei Altersgruppen (oder nur eine Altersgruppe oder beide Altersgruppen zusammen, was sich in der Praxis aber als sehr herausfordernd zeigen wird):

Uhrzeit	Dauer	Inhalt	Material/Infos
Beispiel für ein Programm für Kinder von 3 bis 7 Jahren (Gruppe 1) mit 75 Minuten Dauer			
bis 15:00		Begrüßung an der Tür (Wertschätzung), Zeit miteinander verbringen	Spiele, z. B. Uno, Jenga usw. - diese Zeit soll dem Beziehungsaufbau dienen
14:50	10 Min.	Countdown	Musik, evtl. Bilder vom Vortag
15:00	1 Min.	Begrüßung	
15:01	3 Min.	Lied	
15:04	3 Min.	Leitfigur: Es ist wichtig, dass die Kinder herzlich lachen, dadurch kommen sie in der Veranstaltung an. Eine witzige Leitfigur taucht jeden Tag auf und macht Stimmung / bringt die Kinder zum Lachen. Mögliche Leitfigur für diese Woche: „Prof. Dr. Bücherwurm" - ein Wissenschaftler, der jeden Tag etwas Neues erfindet. Entsprechend witzig und überzeugt präsentiert er seine Erfindungen! Kleidet diese Person mit weißem Arztmantel, Brille, Einsteinperücke usw.	
15:07	3 Min.	Bewegungslied	Kinder auspowern
15:10	3 Min.	Spiel und Sport mit allen	Kinder auspowern
15:13	3 Min.	Wochenlied	täglich gleich - ein neues Lied einüben
15:16	3 Min.	Anspiel oder Einstieg in die Andacht	z. B. ein Spiel mit einem Freiwilligen usw.
15:19	15 Min.	Andacht/Gebet	
15:34	3 Min.	Merkvers lernen	
15:37	2 Min.	Gruppeneinteilung	
15:39	25 Min.	Spiele/Programm/Stationen/Essen	
16:04	3 Min.	Lied	
16:07	3 Min.	Wiederholung Geschichte, Merkvers	
16:10	2 Min.	Einladung/Infos	
16:12	3 Min.	Segenslied	
16:15		Ende Gruppe 1	

Beispiel für ein Programm für Kinder von 8 bis 12 Jahren (Gruppe 2) mit 90 Minuten Dauer			
bis 17:00		Begrüßung an der Tür (Wertschätzung), Zeit miteinander verbringen	Spiele, z. B. Uno, Jenga usw. - diese Zeit soll dem Beziehungsaufbau dienen
16:50	10 Min.	Countdown	Musik, evtl. Bilder vom Vortag
17:00	1 Min.	Begrüßung	
17:01	3 Min.	Lied	
17:04	3 Min.	Leitfigur - siehe Infos oben	
17:07	3 Min.	Bewegungslied	Kinder auspowern
17:10	3 Min.	Spiel und Sport mit allen	Kinder auspowern
17:13	3 Min.	Wochenlied	täglich gleich - ein neues Lied einüben
17:16	4 Min.	Anspiel oder Einstieg in die Andacht	z. B. ein Spiel mit einem Freiwilligen usw.
17:20	20 Min.	Andacht/Gebet	
17:40	3 Min.	Merkvers lernen	
17:43	2 Min.	Gruppeneinteilung	
17:45	34 Min.	Spiele/Programm/Stationen/Essen	
18:19	3 Min.	Lied	
18:22	3 Min.	Wiederholung Geschichte, Merkvers	
18:25	2 Min.	Einladung/Infos	
18:27	3 Min.	Segenslied	
18:30		Ende Gruppe 2	

3. Vorschlag für eine Freizeit oder ein Zeltlager

	1. Tag	2. Tag	3. Tag	4. Tag	5. Tag
Thema/Inhalt	**Gottes Worte vergehen nicht!**	**Gottes Worte haben Power!**	**Gottes Worte kommen von Gott und wurden von Menschen aufgeschrieben!**	**Überblick über Gottes Wort**	**Hab den Mut dich auf Gott und sein Wort einzulassen!**
Andacht	**1. Die Bibel ist immer gültig!**	**2. Die Bibel hat Biss!**	**3. Der Bibel auf der Spur!**	**4. Die Bibel von A bis Z**	**5. Schnuppernase - steck die Nase in die Bibel!**
Merkvers	Markus 13,31	Hebräer 4,12	2. Timotheus 3,16	Offenbarung 22,13	Jeremia 29,13b-14a
Lieder	Himmel und Erde	Die B-I-B-E-L	Ich bin ein Bibelentdecker	Gott hat durch Menschenhand	Ich bin ein Bibelentdecker
Spiele/Basteln	Spiel 9, Seite XY Programm 8: Bibel-Dart, Seite XY	Geländespiel 1: Suchen und finden[2], Seite XY Programm 2: Der große Preis, Seite XY	Geländespiel 2: Bibelvers-Schmuggelei, Seite XY Kreatives 3: Papier herstellen, Seite XY	Kreatives 1: Bibeliothek, Seite XY Geländespiel 3: Gutenberg-GmbH & Co. KG, Seite XY	Spiel 10: Schnuppernase, Seite XY Geländespiel 4: Die große Bibel-Jagd, Seite XY
Leitfigur	siehe Infos Kinderbibelwoche				

	6. Tag	7. Tag	8. Tag	9. Tag	10. Tag
Thema/Inhalt	**Sich mit Gottes Wort auseinandersetzen, verstehen**	**Weshalb brauche ich Stille Zeit?**	**Wie kann ich meine Stille Zeit gestalten?**	**Gottes Wort lässt mein Lebenskonzept gelingen!**	**Ich will Gottes Wort und seine Liebe weitergeben und -sagen**
Andacht	**6. Ich will verstehen, was Gott sagt!**	**7. Zeit mit Gott - wieso, weshalb, warum?**	**8. Zeit mit Gott verbringen - aber wie?**	**9. Halte dich an das Rezept!**	**10. Sei selbst ein Brief von Jesus!**
Merkvers	Römer 10,17	Psalm 86,11	Apostelgeschichte 2,42	Psalm 119,9	2. Korinther 3,3
Lieder	Ich bin ein Bibelentdecker	Jeden Morgen freue ich mich auf dich	Jeden Morgen freue ich mich auf dich	Die B-I-B-E-L	Gott hat durch Menschenhand
Spiele/Basteln	Kreatives 4: Schriftrolle, Seite XY Programm 4: Heiße Kartoffel, Seite XY	Programm 6: Bibelionär, Seite XY Programm 5: Bibel-Activity, Seite XY	Geheimsprache Programm 9: Bibel-Rallye, Seite XY	Programm 1: Psalm 23, Seite XY Programm 3: Glücksrad, Seite XY	Programm 7: 1, 2 oder 3, Seite XY
Leitfigur	siehe Infos Kinderbibelwoche				

4. WEITERE IDEEN UND PROJEKTE

Ihr könnt auch aus einzelnen Themen/Einheiten einen ganzen Tag oder ein einzelnes Programm gestalten, z. B. einen Kinder- oder Jungschartag, das Kinderprogramm während eines Gemeindefestes usw.

Vielleicht haben auch nicht alle Kinder eurer Gruppe eine eigene Bibel. Vor allem bei Freizeiten oder Tagesveranstaltungen, zu denen ihr auch neue Kinder einladet, wird das so sein. Schenkt diesen Kindern eine Bibel, damit sie wirklich die Chance haben, darin auch später noch zu lesen! Gut für Kinder geeignet ist die Gute-Nachricht-Bibel.

Auch die Merkverse in diesem Buch sind nach der Guten Nachricht formuliert sowie die meisten Rätsel. Für ein besseres/leichteres Verständnis wurden manchmal auch andere Bibelübersetzungen verwendet. Diese sind dann hinter dem Bibeltext benannt.

WISSENSWERTES ÜBER DIE BIBEL

1. DAS BUCH DER BÜCHER

Die Bibel hat Biss! Sie ist Gottes ewiges Wort und gibt uns Christen Antwort auf viele Fragen, die uns das Leben stellt - auch wenn einige Themen offen sind und bleiben. Dennoch erfahren viele Menschen schon seit Tausenden von Jahren durch die Bibel Halt, Trost und Orientierung für ihr Leben. Das kann die Bibel, denn Gott ist ihr Autor. Sie beinhaltet Gottes Worte, die er durch ca. 40 verschiedene Schreiber in einem Zeitraum von ca. 1.500 Jahren festhalten ließ. Einer der intelligentesten Köpfe unseres Volkes sagte einmal: *„Alle Bücher, die ich gelesen habe, haben mir den Trost nicht gegeben, den mir die Worte der Bibel gaben:* ‚Der Herr ist mein Hirte, mir wird nichts mangeln.'" (Immanuel Kant, deutscher Philosoph und Denker).

„biblos" ist griechisch und heißt übersetzt „Buch", „biblia" sind die „Bücher". Daher kommt das Wort Bibel. In Römer 1,2 wird sie z. B. als „Heilige Schrift" bezeichnet, in Matthäus 21,42 als „Schriften" und in Lukas 24,44 als „Gesetz Moses, Propheten und Psalmen".
Die Bibel besteht insgesamt aus 66 Büchern (es wären 70, wenn man die fünf Psalm-Bücher auch einzeln zählen würde wie die fünf Bücher Mose):

Die Bibel 66 Bücher	**Das Alte Testament** 39 Bücher Sprache: Hebräisch & Aramäisch	17 Geschichtsbücher	1. Mose bis Ester
		5 Lehrbücher	Hiob bis Hohelied
		17 Prophetische Bücher	Jesaja bis Maleachi
	Das Neue Testament 27 Bücher Sprache: Griechisch	5 Geschichtsbücher	Matthäus bis Apostelgeschichte
		21 Lehrbücher	Römer bis Judas
		1 Prophetisches Buch	Offenbarung

Die Worte Gottes wurden von sehr unterschiedlichen Typen festgehalten: Fischern, Politikern, Hirten, Ärzten usw. (siehe Andacht 3, Seite 29). Die Bibel ist Gottes Wort - sie ist von ihm „eingehaucht" (2. Timotheus 3,16) bzw. „gottgegeistet" worden. Sie ist somit zuverlässig und wahr (Johannes 17,17; 2. Petrus 1,20-21). Sie besitzt göttliche Autorität,

Macht und beinhaltet Gottes lebensschaffende Kraft. Gott will dich Stück für Stück verändern (2. Korinther 3,18) - und das will er hauptsächlich durch sein Wort, die Bibel, tun (2. Timotheus 3,16-17).

2. WUSSTEST DU SCHON, ...

1. **... dass im Jahr 1452 in Mainz als erstes gebundenes Werk die Bibel in Johannes Gutenbergs Druckpresse mit beweglichen Lettern entstand?** Gutenbergs Bibel in lateinischer Sprache umfasste pro Spalte 42 Zeilen und wurde in einer Auflage von 200 Exemplaren gedruckt (weitere Infos siehe Geländespiel 3, Seite 89).

2. **... dass heute Bibeln oder Bibelteile weltweit in über 2.200 Sprachen erhältlich sind?**

3. **... dass jährlich rund 20 Mio. Bibeln hergestellt und verbreitet werden?** Damit ist die Bibel das meist übersetzte und meist verkaufte Buch der Welt. Darüber hinaus werden weitere Millionen von Neuen Testamenten, Einzelteilen und Auswahltexten der Bibel herausgegeben.

4. **... dass die Kapitelzählung der biblischen Bücher erst im 13. Jahrhundert entstand?** Der englische Erzbischof Stephen Langton teilte damals jedes Buch in verschiedene Kapitel ein. Die Nummerierung der Verse hat der französische Buchdrucker Robert Etienne im Jahre 1551 bei einer griechisch-lateinischen Ausgabe des Neuen Testaments eingeführt. Die Bibeln der Lutherzeit kannten die Verseinteilung noch nicht. Seit dem 17. Jahrhundert hat sich die Kapitel- und Verseinteilung dann allgemein durchgesetzt.

5. **... welche Bücher das Pentateuch umfasst?** „Pentateuch" kommt aus dem Griechischen und bezeichnet die fünf Bücher Mose: Genesis, Exodus, Levitikus, Numeri und Deuteronomium.

6. **... dass das Wort „Bibel" aus der griechischen Sprache stammt?** Das griechische „biblia" bedeutet „Bücher". Denn die Bibel ist eigentlich eine Sammlung von verschiedenen Einzelschriften bzw. „Büchern".

7. **... dass der biblische Text durch mehrere tausend Handschriftenfunde abgesichert ist?** Jeder Fund einer biblischen Handschrift, mag er noch so klein sein, ist jedoch bedeutsam und hilft, dem ursprünglichen Wortlaut der biblischen Texte näherzukommen. Fachleute konnten auf diese Weise einen Grundtext von großer Genauigkeit erschließen.

8. ... dass das Alte Testament ursprünglich in hebräischer (und zum Teil in aramäischer) Sprache niedergeschrieben wurde? Von den ursprünglichen Manuskripten ist keines erhalten geblieben. Wir besitzen z. B. weder das Original der Worte des Propheten Jeremia noch das Original vom Brief des Apostels Paulus an die Gemeinde in Rom. Es gibt jedoch Abschriften der Originale, die in unterschiedlicher Anzahl vorliegen und unterschiedlich alt sind.

9. ... was sich hinter dem Namen „Vulgata" verbirgt? Im Jahr 382 n. Chr. beauftragte Papst Damasus I. den Theologen Hieronymus mit der Herstellung einer einheitlichen lateinischen Übersetzung der Bibel. Schon 384 legte Hieronymus eine überarbeitete Fassung der Evangelien vor. Die Übersetzung bekam den Namen „Vulgata" (lateinisch für „die Volkstümliche").

10. ... dass der Kanon des Neuen Testamentes erst im 4. Jahrhundert nach Christus festgelegt wurde? Die frühe Kirche musste eine Entscheidung fällen, welche Schriften als verbindlich galten. Dabei gab es, durch örtliche oder personelle Gegebenheiten bestimmt, Unterschiede in der Auswahl. Am Ende des 2. Jahrhunderts n.Chr. stand jedoch das Neue Testament im Wesentlichen in seinem heutigen Umfang fest. Die Auseinandersetzungen der Folgezeit führten im 4. Jahrhundert zur endgültigen Festlegung eines „Kanons" (d.h. wörtlich „Richtschnur") von 27 Schriften, der seitdem in allen großen Kirchen Geltung hat.

3. Warum Kinder an die Bibel heranführen?

Was wissen die Kinder in „meinem" Kreis über die Bibel?

Zunächst sollte ich mir die Frage stellen, was die Kinder in meinem Kreis mit der Bibel anfangen können. „Viele Kinder wachsen heute als ‚geistliche Analphabeten' auf." Sie kennen die Namen der Fernsehprogramme und die Hälfte des Fernsehprogramms auswendig und wissen genau, welcher Star für welches Produkt Werbung macht - aber Jesus Christus kennen sie nicht. Viele begegnen dem Namen Jesus in ihrer Familie nicht und in einer Reihe Familien ist die Bibel nur noch eine Sammlung von Büchern. „Das Feuer des Wortes Gottes ist so für viele allenfalls noch eine Warmhalteplatte bürgerlicher Religiosität" (Adam, Gottfried; Lachmann, Rainer: Methodisches Kompendium für den Religionsunterricht, 1. Band). Die Bibel steht möglicherweise seit Jahren unberührt (als Erbstück) im Schrank bzw. wird nur noch von den Großeltern gelesen. Ein 12-Jähriger antwortete auf die Frage nach der Bibel: „Bibel - ja, die kenn' ich. Das ist das Buch, in dem meine Oma immer liest."
An dieser Stelle wird deutlich: Wir brauchen Wege, um Kindern zu helfen, dieses „dicke Buch" neu zu entdecken. Dabei geht es nicht nur um Kinder, die dem Glauben fernstehen, auch Kinder aus frommen Familien brauchen teilweise eine neue Begegnung mit der Bibel, damit sie über ihre Meinung „alles zu kennen" ins Nachdenken kommen.

Warum Kinder an die Bibel heranführen?

Doch warum ist es überhaupt so wichtig, Kinder an die Bibel heranzuführen? Passen die Kinder von heute und dieses dicke Buch aus alten Zeiten noch zusammen? Leben sie nicht in einer ganz anderen Welt mit anderer Technik, einer anderen Sprache, anderen Bildern, anderen Werten, anderen Problemen, neuen Medien ...?

Beim längeren Nachdenken merkt man schnell: der Mensch und die entscheidenden Fragen seines Lebens haben sich durch die Jahrhunderte nicht wesentlich verändert. Die Frage, die sich stellt, muss lauten: „Trauen wir der Bibel die Aktualität zu?"

Die Bibeltexte können die Kinder in positiver Weise für ihr Leben prägen. Doch damit dies geschehen kann, braucht es diesen neuen Anreiz für das Bibelstudium, und es gilt den Blick der Kinder neu für die Aktualität und die Relevanz für ihr Leben zu schärfen.

Bibellesen mit Kindern - pädagogische und soziale Gründe

(vgl. Kuschmierz, Monika: Bibellesen mit Kindern, Bibellesebund)

Die Bibel kann in verschiedener Weise in die Lebenssituationen der Kinder sprechen. Vieles von dem, was Kinder auf ihr Leben vorbereitet, erfahren sie in der Bibel.

Beim Bibellesen begegnen die Kinder ihrem Schöpfer. Sie können erfahren, dass Gott sie gewollt und gemacht hat.

Sie lesen von der echten Liebe, die sie zum Leben benötigen, aber der manche immer weniger begegnen. Wie wichtig ist es für sie, von der bedingungslosen Liebe Gottes zu erfahren, die keine Vorbedingungen und Erwartungen an uns stellt. Die Kinder lernen Jesus Christus kennen, der ihr Freund sein möchte. Ein wirklicher Freund, der in jeder Lebenssituation zu ihnen steht. Sie erfahren, dass auf Gott 100%ig Verlass ist. Er hält, was er verspricht, entgegen mancher Erfahrung, die die Kinder machen. Kinder brauchen heute verlässliche Beziehungen und verbindliche Aussagen.

Die Kinder lernen Gottes Richtlinien kennen. Sie erhalten dadurch Regeln und Ordnungen, nach denen sie leben können. In einer Welt, die immer mehr Wahlmöglichkeiten offenhält, sich schwer festlegt und immer weniger Grenzen vorgibt, sind Kinder für die Aussagen der Bibel oft dankbar.

In einer Welt, in der es so viele verschiedene Meinungen gibt, die scheinbar alle richtig sind, ist es wichtig, dass die Kinder die wahren und zeitlosen Aussagen kennen, die die Bibel über Gott und die Welt macht.

Die Kinder brauchen Hilfen zur Lebensbewältigung. Die Bibel macht ihnen Mut, sich mit ihren Fragen, Sorgen ... an Gott zu wenden und ihn um Hilfe zu bitten.

Kinder können durch das Bibellesen zu einem selbstständigen Glaubensleben geführt werden. Sie können Gott persönlich begegnen und nicht nur einen Glauben aus 2. Hand leben - den Glauben der Eltern oder Mitarbeiter.

Kinder suchen Vorbilder, um (geistliche) Persönlichkeiten zu werden. Die Bibel berichtet ehrlich über das Leben von Menschen (nicht nur von Erwachsenen, sondern auch von Kindern) und was sie mit Gott erlebt haben.

In der Bibel werden Kinder ermutigt, selbst Verantwortung zu übernehmen. Sie lernen, nicht nur an sich selbst zu denken, sondern auch den anderen zu sehen und nicht alles als selbstverständlich hinzunehmen (Verantwortung für das eigene Leben, für den Nächsten, für die Schöpfung ...).

Fazit: Die genannten Punkte zeigen, dass die Bibel sehr wohl in das Leben der Kinder von heute hineinsprechen und ihr Leben prägen kann.

Um diese prägende Kraft des Wortes Gottes wussten schon Martin Luther und andere Persönlichkeiten der Kirchengeschichte: „Denn wir wollten ja gern unseren lieben Kindern nicht allein den Bauch, sondern auch die Seele versorgen. [...] Denn es ist eine ernste, große Sache, da Christo und aller Welt viel an liegt, dass wir dem jungen Volke helfen und raten." (Luther an alle Bürgermeister und Ratsherrn aller Städte in deutschen Landen, dass sie christliche Schulen aufrichten und halten sollen - 1524.)
„Wann die Kinder zur beständigen Furcht und Liebe des allgegenwärtigen Gottes erweckt werden und ihnen der rechte Adel der menschlichen Seele, so in der Erneuerung zum Ebenbilde Gottes besteht, mit lebendigen Farben vor Augen gemalt wird, und sie also in der Zucht und Ermahnung des Herrn (Eph. 6) erzogen werden, ist solches hinlänglich genug und viel durchdringender und kräftiger zum Guten als die satanische Vorstellung der Herrlichkeiten dieser Welt." (August Hermann Francke - 1748)
Doch diese beiden wussten nicht nur um die pädagogische und soziale Bedeutung der Bibel, sondern auch um die Tatsache, dass Gott selbst den Auftrag gibt, Kindern sein Wort weiterzusagen bzw. es mit ihnen zu bedenken.

Bibellesen mit Kindern - biblische Gründe
Gottes Wort gilt nicht nur Erwachsenen (5. Mose 6,6.7; 11,19-21; 31,11-13).
Gott hat geboten, die Kinder in seinem Wort zu unterweisen (Psalm 78,5-7).
Kinder tragen die Worte Gottes in die nächste Generation hinein (Psalm 78,6-8).

Gott möchte Heranwachsende durch sein Wort bewahren (Psalm 119,9).
Auf Gottes Wort können sich Kinder in allen Situationen des Lebens verlassen (Psalm 18,2).
Schon in der frühen Gemeinde wurden Kinder biblisch unterrichtet (2. Timotheus 3,14f.).

An dieser Stelle soll Martin Luther noch einmal zu Wort kommen, denn auch er wusste: Um zu wissen, woran ich glaube, muss ich die Aussagen der Bibel kennen. „Wie manchen Jammer habe ich gesehen, dass der Gemeine doch so gar nichts weiß von der christlichen Lehre [...] können weder Vaterunser noch den Glauben oder zehn Gebot [...]."
Luther ging es vor allem auch darum, der Jugend die Grundlagen des Glaubens beizubringen, er schreibt wenig später: „Denn wiewohl man niemand zwingen kann noch soll zum Glauben, so soll man doch den Haufen dahin halten und treiben, dass sie wissen, was Recht und Unrecht ist bei denen, bei welchen sie wohnen [...]. Wenn sie den Text wohl können, so lehre sie dann hernach auch den Verstand, dass sie wissen, was es gesagt [...]" (Der kleine Katechismus für die gemeinen Pfarrherrn und Prediger - 1529).

*Auszug aus dem Artikel „Bibellesen mit Kindern" von Rebekka Weiß in „denk mal, Arbeit mit Kindern von 3 bis 12 Jahren entwickeln und gestalten", **BORN**-VERLAG, www.bornverlag.de - Abdruck mit freundlicher Genehmigung der Autorin.*

BAUSTEINE ZUM THEMA

TEIL A: ANDACHTEN

1: DIE BIBEL IST IMMER GÜLTIG!

Text: Markus 13,31
Zielgedanke: Die Bibel ist immer gültig! Was Gott uns in der Bibel sagt, gilt für immer! Er nimmt seine Versprechen und seinen Willen nie mehr zurück!
Merkvers: Himmel und Erde werden vergehen, aber meine Worte vergehen nicht; sie bleiben gültig für immer und ewig (Markus 13,31).

SPIELE siehe Spiel 9, Seite 83

BAUSTEINE FÜR DIE ANDACHT

Vorbereitung
Schreibe pro Kind auf je einen Notizblockzettel je ein Versprechen Gottes (nur die Bibelstelle) und verstecke diese im Raum. Diese „Schätze“ dürfen die Kinder später suchen. (Kopiervorlage siehe Seite 22)

Einstieg
Ein neues Telefonbuch mitbringen
Ein Mitarbeiter erzählt den Kinden: „Schaut euch dieses Telefonbuch an: druckfrisch und schon veraltet! Mmm *(daran riechen)* - ganz neu herausgekommen, es ist sogar noch warm (Scherz)! Aber wisst ihr was? Obwohl es gerade erst erschienen ist, es ist schon nicht mehr aktuell. Es stimmt nicht mehr: Manche Telefonnummern stehen nicht drin - von Leuten, die vor kurzem einen neuen Telefonanschluss bekommen haben. Und es stehen Telefonnummern drin von Leuten, die gerade weggezogen sind - und dann macht es nur noch ‚dud, dud‘, wenn ich diese Nummern wähle!“

Variante

Eine Tageszeitung, ein Sportmagazin usw. mitbringen

Auch dieses Schriftstück ist schon morgen oder nächste Woche nicht mehr aktuell und gültig! Die Bundesligatabelle stimmt dann nicht mehr und die angekündigten Fernsehprogramme sind vorbei, die Aktienkurse haben sich schon wieder verändert usw.

Variante

Passende Quizfragen zum Thema „Was alles vergeht" stellen:

- *Für was ist H-Milch die Abkürzung?* Haltbare Milch
- *Welche Vögel essen tote Tiere, bevor diese verwesen?* Aasgeier
- *Was ist ein Verbrauchsdatum?* Das Verbrauchsdatum ist das Datum, ab dem Lebensmittel, die sehr leicht verderblich sind und nach kurzer Zeit eine unmittelbare Gefahr für die menschliche Gesundheit darstellen könnten (z. B. Hackfleisch, rohes Geflügelfleisch), nicht mehr verkauft werden dürfen.
- *Was ist ein Verfallsdatum?* Das Verfallsdatum beschreibt bei Arzneimitteln und Medizinprodukten das auf der Verpackung angegebene Datum, bis zu dem das Produkt zu verwenden ist. Es setzt eine ordnungsgemäße Lagerung voraus, die die Produktbeschaffenheit im Hinblick auf Qualität und Wirkung nicht verändert.
- *Was ist ein Mindesthaltbarkeitsdatum?* Das Mindesthaltbarkeitsdatum gibt den Zeitpunkt an, bis zu dem ein Lebensmittel mindestens haltbar und damit genießbar ist.
- *Nennt drei Möglichkeiten, Lebensmittel für längere Zeit haltbar zu machen!* Einfrieren, Pasteurisieren, luftdichtes Abpacken, Salzen usw.
- *Wer sagte: „Ihr sollte euch nicht Schätze sammeln auf Erden, wo sie die Motten und der Rost fressen [...]. Sammelt euch aber Schätze im Himmel, wo sie weder Motten noch Rost fressen"?* Jesus Christus (z. B. Matthäus 6,19.20)
- *In Konservendosen können Lebensmittel (mindestens zwei Jahre) lang aufbewahrt werden. Wann wurde der erste patentierte Dosenöffner erfunden: 1960, 1512 oder 1858?* 1858, von dem Amerikaner Ezra Warner.

Darlegung

Vieles verliert (recht schnell) seine Gültigkeit, z. B. Telefonbücher.

Lebensmittel halten nicht ewig. Sie haben ein Mindesthaltbarkeitsdatum, werden irgendwann schlecht und können dann nicht mehr genossen werden.

Viele Weltreiche und Regierungen sind aufgeblüht, untergegangen und heute nur noch in Geschichtsbüchern wiederzufinden.

Vieles wird vergessen, z. B. Fußballspieler vor 20 Jahren - oder kennt ihr noch Hansi Pflügler, Roland Wohlfarth oder Litti (Pierre Littbarski)? Das waren damals Profis wie heute Mario Gomez oder Lukas Podolski und spielten in der Nationalmannschaft.

Vieles veraltet oder verschwindet einfach für immer wie z. B. der Käsekuchen.

Eine Sache aber bleibt immer bestehen! Eine Sache bleibt immer topaktuell und verliert nie ihre Gültigkeit: die Bibel! Gottes Wort! Gottes Liebesbrief an uns Menschen! Das, was er uns mit ihr sagt, ist für immer gültig! Schon viele Menschen haben versucht die Bibel zu vernichten, sie zu verbieten oder für ungültig zu erklären - aber das ist niemandem gelungen und wird auch niemandem gelingen. Auch heute gibt es noch Länder, in denen die Bibel verboten ist, z. B. Nordkorea. Wer dort eine Bibel besitzt und damit erwischt wird, muss ins Gefängnis.

Gespräch

Was hast du schon Interessantes in der Bibel entdeckt?
Welche Versprechen Gottes an dich kennst du?
Ist es nicht cool, dass wir immer, rund um die Uhr, in Gottes Liebesbrief lesen können? Ist es nicht cool, dass das, was darin steht, nie seine Gültigkeit verliert und Gott nie seine Versprechen zurücknimmt?

Vertiefung

Wir machen uns auf Schatzsuche! Im Raum sind Zettelchen versteckt, auf denen jeweils ein „Schatz" steht, ein Versprechen Gottes für dich! Jeder sucht einen Zettel, schlägt die Stelle in seiner Bibel nach und schreibt den Vers auf die Rückseite seines Zettels. Diesen „Schatz" kann man dann daheim an einem Ort aufbewahren, an dem er einem jeden Tag begegnet! Oder man lernt ihn auswendig, dann hat man diesen Schatz immer bei sich!
Hinweis: Falls einige Kinder keine eigene Bibel haben, sollten genügend bereitliegen!

Idee: Skizziere auf je einem Blatt Papier die folgenden drei Gegenstände oder drucke sie als Bild aus: Wolken (Himmel), Erdkugel (Erde), Buch (Bibel). Lege die drei Blätter nebeneinander und lerne so mit den Kinder den Merkvers auswendig: Himmel und Erde werden vergehen *(Bilder durchstreichen)*, aber meine Worte *(Bibel)* werden nicht vergehen (Markus 13,31). (Die Zahlen kann man sich gut merken: zuerst „1" und „3", dann „3" und „1"!)

Tipp: Geländespiel zum Thema: Die Bibelvers-Schmugglerei, Seite 88.

Lösungen zum Arbeitsblatt

Markus 13,31: Himmel und Erde werden vergehen, aber meine Worte vergehen nicht; sie bleiben gültig für immer und ewig.

Die Bibel ist **Gottes Liebesbrief an mich!**

Psalm 23,4: Gott ist bei mir, er schützt und führt mich.

2. Timotheus 2,13: Gott ist mir treu, auch wenn ich ihm untreu bin.
1. Johannes 1,9: Gott vergibt mir meine Schuld, wenn ich sie ihm nenne.
Psalm 48,15: Gott führt mich durch mein ganzes Leben.
Johannes 10,10: Gott gibt mir Leben - und das im Überfluss.
Jeremia 29,13-14: Gott hört mich, wenn ich ihn suche.
Psalm 50,15: Gott wird mir in der Not helfen.
Johannes 1,12: Ich bin Gottes Kind, wenn ich an ihn glaube.
Epheser 1,13: Gott gibt mir den Heiligen Geist, wenn ich an ihn glaube.

Kopiervorlage für die Zettelchen

3. Mose 26,11-12	**Psalm 23**	**Psalm 103,6**	**Psalm 145,18-19**
Matthäus 28,20	**Johannes 3,16**	**Johannes 6,68**	**Apostel-geschichte 16,31**
Römer 8,11.38-39	**1. Korinther 10,13**	**2. Korinther 9,7-8**	**2. Korinther 12,9**
Epheser 1,13	**2. Timotheus 2,13**	**Philipper 1,6**	**Philipper 2,13**
Philipper 3,12	**Philipper 4,6.13**	**1. Petrus 5,7**	**1. Johannes 1,9**

DIE BIBEL IST IMMER GÜLTIG!

Es gibt viele Dinge, die sehr schnell ihren Wert und ihre Gültigkeit verlieren. Eine Band oder ein Fußballprofi ist schnell ein Star, aber genauso schnell wieder out und vergessen. Ein Telefonbuch wird frisch gedruckt und gleichzeitig stimmen viele Einträge dann schon nicht mehr, weil neue Nummern dazugekommen oder bisherige Nummern ungültig geworden sind.

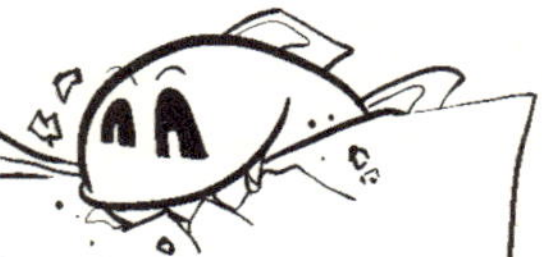

Die Bibel, Gottes Wort, ist immer gültig!
Jesus sagt uns in Markus 13,31:
„____________ und ____________
werden vergehen, aber meine
____________ vergehen ____________;
sie bleiben ____________ für
____________ und ____________."

Die Bibel ist im Original auf hebräisch/aramäisch (Altes Testament) und griechisch (Neues Testament) geschrieben. Sie ist ...

Γοττεσ Λιεβεσβριεφ
αν μιχ !

A=α, B=β, CH=χ, E=ε, F=φ,
G=Γ, I=ι, L=Λ, M=μ, N=ν, O=ο,
R=ρ, S=σ, T=τ

Das bedeutet, dass alles, was in der Bibel steht, Gott *für dich* aufschreiben ließ! Wir können in der Bibel schwarz auf weiß, wann immer wir wollen, Gottes Worte nachlesen und uns z. B. daran erinnern, wenn wir Gottes Versprechen vielleicht mal vergessen haben oder nicht mehr glauben können. Er steht zu seinem Wort, er hält seine Versprechen!

WAS VERSPRICHT DIR GOTT?

Schau in seinem Liebesbrief an dich einmal nach!

Psalm 23,4 --> ____
2. Timotheus 2,13 --> ____
1. Johannes 1,9 --> ____
Psalm 48,15 --> ____
Johannes 10,10 --> ____
Jeremia 29,13-14a --> ____
Psalm 50,15 --> ____
Johannes 1,12 --> ____
Epheser 1,13 --> ____

Das ist doch echt klasse, oder!? Und Gott verspricht uns noch viel, viel mehr! Unterstreiche doch mal in deiner Bibel sämtliche Versprechen Gottes an dich! Dann entdeckst du sie schnell wieder, wenn du deine Bibel durchblätterst. Und noch besser: Lern doch immer wieder einen Bibelvers auswendig, dann hast du Gottes gute Nachrichten für dich immer im Herzen mit dabei!

MERKVERS

„Himmel und Erde werden vergehen, aber meine Worte vergehen nicht; sie bleiben gültig für immer und ewig" (Markus 13,31).

Jetzt bist du dran!

Sei ein Bibelentdecker und grabe in deiner Bibel nach noch mehr Schätzen! Schau mal nach, was Gott dir noch verspricht, und unterstreiche wichtige Bibelverse oder male sie bunt an:

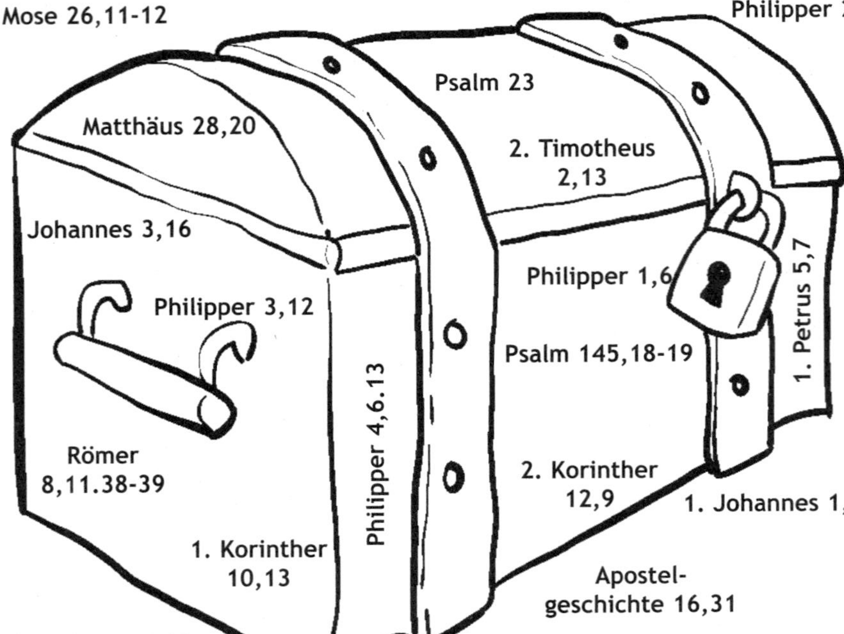

2: DIE BIBEL HAT BISS!

Text: Lukas 7,1-10 (Jesaja 55,10.11)
Zielgedanke: Gottes Wort hat Kraft und bewirkt, was Gott will!
Merkvers: Das Wort Gottes ist lebendig, es ist eine wirkende Macht (Hebräer 4,12).
oder nach NGÜ: Denn eines müssen wir wissen: Gottes Wort ist lebendig und voller Kraft.

BAUSTEINE FÜR DIE ANDACHT

Einstieg

Spiel „Der König befiehlt“: Ein Kind ist der König. Alles, was der König befiehlt, muss sofort getan werden. Beispiel: „Der König befiehlt: Alle auf den Boden legen!“; „Der König befiehlt: Alle klatschen!“ Wer dem Befehl zu langsam oder falsch nachkommt, scheidet aus. Nach einigen Befehlen wird ein anderes Kind der König.
Tipp: Bastle eine Krone aus Karton oder besorge dir eine, z. B. von einer bekannten Fastfood-Kette. Diese Krone bekommt der jeweilige König auf.

Willhelm II. war der letzte deutsche Kaiser - sein Herrschaftsende ist noch nicht einmal 100 Jahre her ... Wäre das nicht toll: Die Macht über ganze viele andere Menschen zu haben! Und die müssen dann alles tun, was ich will. Nun - wir würden wahrscheinlich recht oft das anordnen, was zu unserem eigenen Vorteil ist. Aber was ist mit den anderen? Verantwortung für andere zu haben, ist eine herausfordernde Aufgabe.

Darlegung

Erzähle die Geschichte des Hauptmannes (lat. Centurio), der auch Macht über andere hatte. Beschreibe sein Leben: Er hat das Sagen über mindestens 100 Soldaten. Er ist ihr Anführer und arbeitet für den römischen Kaiser. Eines Tages wird einer seiner Knechte krank, er ist gelähmt und wird schrecklich gequält, er wird garantiert sterben ... Erzähle den weiteren Verlauf des biblischen Berichts und wie Jesus durch sein mächtiges Wort geholfen hat.

Gespräch

Gottes Wort, die Bibel, hat Biss! Sie ist wie ein zweischneidiges Schwert: Manche glauben, andere glauben nicht (z. B. Apostelgeschichte 17,32-34 - und wollen es nicht hören; Jesaja 42,11). Wenn Gott handelt, dann sieht das Ergebnis allerdings oft sehr verschieden aus: In Apostelgeschichte 12 betet die Gemeinde für ihre Gefangenen Jakobus und Petrus - Jakobus wird umgebracht, bei Petrus kommt ein Engel vorbei und Gott rettet ihn durch ein Wunder. Paulus war ein Mann voller Glauben an Gott und erlebte sehr viel mit ihm: Unvorstellbares (2. Korinther 12,2-4) und krasse Wunder (2. Korinther 11,16-33). Trotzdem nimmt Gott ihm nicht die Krankheit weg, die ihn schmerzlich plagte (2. Korinther 12,8-9).

Gottes Wege und Gedanken sind manchmal völlig anders als das, was wir uns vorstellen oder wünschen. Trotzdem kann und darf ich ganz fest wissen: Egal, was passiert: Gott hat mich immer im Blick (Psalm 139,2-12), er weiß, was ich brauche (Matthäus 6,32) und hat etwas Gutes mit mir und meinem Leben vor (Römer 8,28)!

Berichte an dieser Stelle von einem persönlichen Erlebnis mit Gott!
Auch die Kinder können berichten, wenn sie das möchten.
Diese Berichte können sowohl das unerwartete oder anders erwartete Eingreifen Gottes ausdrücken als auch die Tatsache, dass Gott es letztlich immer gutmacht.

Vertiefung

Jeder darf ein aktuelles Gebetsanliegen nennen oder aufschreiben. Wir beten (am besten in kleinen Gruppen, damit sich die Kinder eher trauen, laut zu beten) für das, was uns bewegt, und vertrauen auf Gottes Eingreifen: dass Gott auch heute ein mächtiges Wort spricht und sich Situationen ändern.

Merkvers lernen

Lernt den Merkvers dieser Andacht mit Hilfe der folgenden Bewegungen:

Das **Wort Gottes**	Bibel hochhalten
ist **lebendig**,	auf der Stelle hüpfen (die Bibel kann weiter hochgehalten werden)
es ist eine **wirkende**	mit einem Finger nach vorn zeigen
Macht	Armmuskeln zeigen

Lösungen zum Arbeitsblatt

... der Hauptmann von **Jesus hörte**. Er schickte **Älteste der Juden** zu Jesus.

Hiskia: Gott erhört sein Gebet und macht Hiskia gesund.
Paulus: Gott erhört sein Gebet und macht Paulus nicht gesund.
Jakobus: Er wurde enthauptet.
Petrus: Er wurde befreit.

Psalm 139,2-12: Gott ist immer da, er verlässt mich nie, er kennt mich durch und durch.
Matthäus 6,32: Gott weiß, was ich brauche, und sorgt für mich.
Römer 8,28: Gott hat mich berufen, er möchte nur das Beste für mich.

DIE BIBEL HAT BISS!

Der Knecht des Hauptmanns ist krank und liegt im Sterben. Was für eine aussichtslose Situation! In Lukas 7, Vers 3 lesen wir, dass der Hauptmann von _ _ _ _ _ _ _ _ _ _ _ _ _ .

Um förmlich alles richtig zu machen schickt er

O Kinder der Stadt

O Älteste der Juden

O seine hübsche Frau

zu Jesus und lädt ihn zu sich ein.

Er bittet ihn um Hilfe.

Gottes Wort hat enorme Power!

Wann hast du Jesus schon mal um Hilfe in einer schwierigen Situation gebeten? Wie ging es dann weiter?

____

____

____

____

____

Gott ist immer für dich da! Rund um die Uhr! Und wir dürfen und sollen auch mit allem zu ihm kommen, was uns bewegt, egal ob es uns Freude bereitet oder traurig macht.
Lies dazu die folgenden Verse aus der Bibel:
Psalm 50,15; Matthäus 28,20; 1. Thessalonicher 5,17; Philipper 4,6!
Andererseits funktioniert Gott nicht wie ein Getränkeautomat - unter dem Motto: Gib oben ein Gebet rein und unten kommt der erfüllte Wunsch raus.

FÜR BIBELENTDECKER

Findest du die richtigen Antworten in deiner Bibel?

Was geschieht durch Hiskias Gebet? (Jesaja 38,5-6)

____

Was geschieht durch Paulus' Gebet? (2. Korinther 12,8-9)

____

Die Gemeinde betet für Petrus und Jakobus:
Was geschieht mit Jakobus? (Apostelgeschichte 12,2)

____

Was geschieht mit Petrus? (Apostelgeschichte 12,7)

____

Gott wünscht sich, dass wir ihm in jeder Lage vertauen. Er verspricht uns, dass er etwas Gutes mit uns vorhat, auch wenn wir nicht gleich alles verstehen, was mit und um uns herum geschieht.

Gottes Wege und Gedanken sind manchmal völlig anders als das, was wir uns vorstellen oder wünschen. Trotzdem kann und darf ich ganz fest wissen:

Psalm 139,2-12:

____

Matthäus 6,32:

____

Römer 8,28:

____

MERKVERS

Das Wort Gottes ist lebendig, es ist eine wirkende Macht (Hebräer 4,12).

3: DER BIBEL AUF DER SPUR!

Text: 2. Timotheus 3,14-17
Zielgedanke: Gott ist der Autor der Bibel und hat sie durch verschiedene Menschen schreiben lassen. Zudem sollen die Kinder Hintergrundinformationen über die Bibel erfahren.
Merkvers: Denn jede Schrift, die von Gottes Geist eingegeben wurde, ist nützlich für die Unterweisung im Glauben, für die Zurechtweisung und Besserung der Irrenden, für die Erziehung zu einem Leben, das Gott gefällt (2. Timotheus 3,16).
Oder nach Hoffnung für alle: Denn die ganze Heilige Schrift ist von Gott eingegeben. Sie soll uns unterweisen; sie hilft uns, unsere Schuld einzusehen, wieder auf den richtigen Weg zu kommen und so zu leben, wie es Gott gefällt (2. Timotheus 3,16).

BAUSTEINE FÜR DIE ANDACHT

Vorbereitung

Das Bild „Der Evangelist Matthäus“ von Rembrandt besorgen, z. B. als Bild in einem Buch oder Kunstdruck. Bitte beachte bei Kopien oder Bildern aus dem Internet die Urheberrechte!

Einstieg

Spiel „Flüsterpost“: Alle sitzen im Kreis. Ein Mitarbeiter fängt an und flüstert seinem Nachbarn einen komplizierten, vielleicht witzigen Satz ins Ohr. (Beispiel: „Auf der riesengroßen runden Weltkugel, auf allen Kontinenten, gibt es Bibelstückchen in über 2.400 Sprachen.“) Das, was verstanden wurde, wird weitergesagt - jeder darf nur einmal (!) den Satz zuflüstern bzw. zugeflüstert bekommen! Was kommt beim letzten Mitspieler an?

Darlegung

Wie entstand die Bibel? Ist sie einfach so vom Himmel gefallen? Nein! Gott hat sich uns durch ganz verschiedene Personen mitgeteilt. Er hat seine Gedanken ganz unterschiedlichen Menschen durch seinen Heiligen Geist „ins Ohr geflüstert“. Das, was er ihnen gesagt hat, haben sie schriftlich festgehalten: Denn niemals haben sich die Propheten selbst ausgedacht, was sie verkündeten. Immer trieb sie der Heilige Geist dazu, das auszusprechen, was Gott ihnen eingab (2. Petrus 1,21 (Hfa)).

Das Bild von Rembrandt wird nun gezeigt. Der Künstler Rembrandt hat das einmal versucht zu malen: der Evangelist Matthäus bekommt Gottes Wort „ins Ohr geflüstert“. Der Heilige Geist ist allerdings unsichtbar. Sich vorzustellen, wie das wohl vonstatten ging, ist schwer.

Die Bibel umfasst eine Sammlung von 66 Büchern und Briefen, die von mehr als 40 Personen in einem Zeitraum von ca. 1.000 Jahren verfasst wurden. Die Schreiber waren ganz verschiedene Menschen und übten die unterschiedlichsten Berufe aus. Unter ihnen gab es Könige, Priester, Bauern, Hirten, Fischer, Staatsmänner, einen Arzt und einen Zollbeamten. Trotz all dieser Unterschiede ist die Botschaft der Bibel einheitlich, weil Gott ihnen gesagt hat, was sie aufschreiben sollen! Manche von ihnen brachten das zu Papier, was Gott zu ihnen gesprochen hat, andere notierten geschichtliche Ereignisse rund um Gottes Volk.
Das Alte Testament ist hauptsächlich in Hebräisch geschrieben, einzelne Texte in Aramäisch. Das Neue Testament, in dem das Leben Jesu beschrieben wird und in dem die ganzen Briefe der Apostel stehen, ist auf Griechisch verfasst. Heute können wir die Bibel oder einzelne Teile davon in 2.454 Sprachen lesen, wobei es weltweit ca. 6.900 verschiedene Sprachen gibt!

Die Kinder können nun die hebräischen und griechischen Buchstaben kennenlernen und zwei Rätsel lösen. Es sollte ihnen kurz erklärt werden, dass dies keine echte Übersetzung ist, sondern nur ein Spiel mit den Buchstaben. Jedes Kind erhält eine Kopie / einen Ausdruck des folgenden Rätsels:

„Bibelübersetzung"
„Übersetze" diese hebräischen Schriftzeichen des Alten Testaments!
Info: Im Hebräischen schreibt und liest man von rechts nach links und nicht wie wir von links nach rechts! Zuerst liest man den „großen Buchstaben", dann die Pünktchen.

וֶננ	גֹ תת	שפריחת	שֹ	גֶשחיֵהתש	
וֶננ	רֶ	גֶביֵתֶת	שֹ	שתֵהתש	אד

A=א	B=ב	CH=ח	D=ד	E= ֶ	F=פ	G=ג	H=ה	I=י	K=כ	L=ל
M=מ	N=נ	O= ֹ	P=פּ	Q=ק	R=ר	S=ש	T=ת	U= ֻ	W=ו	Z=ז

„Übersetze" diesen Vers aus dem Neuen Testament!

διε	γανζε	'ειλιγε	σχριφτ	ιςτ	φων	γωττ	εινγεγεβεν	ςιε	ςωλλ	υνς	υντερwειςεν
ςιε	'ιλφτ	υνς	υνςερε	σχυλδ	εινζυςε'εν	wιεδερ	αυφ	δεν	ριχτιγεν		
wεγ	ζυ	κωμμεν	υνδ	ςω	ζυ	λεβεν	wιε	ες	γωττ	γεφαελλτ	

A=α	B=β	CH=χ	D=δ	E=ε	F/V=φ	G=γ	H='	I=ι	K=κ	
L=λ	M=μ	N=ν	O=ω	P=π	R=ρ	S=ς	T=τ	U=υ	W=w	Z=ζ

Auflösung

Altes Testament: Wenn Gott spricht, so geschieht's; wenn er gebietet, so steht's da. (Psalm 33,9 (Luther))

Neues Testament: Denn die ganze Heilige Schrift ist von Gott eingegeben. Sie soll uns unterweisen; sie hilft uns, unsere Schuld einzusehen, wieder auf den richtigen Weg zu kommen und so zu leben, wie es Gott gefällt. (2. Timotheus 3,16 (Hfa))

Gespräch

Das Alte Testament enthält 39 Bücher. „Testament" bedeutet Bund oder Vertrag. Gott erwählte sich das Volk Israel und schloss mit ihnen einen Vertrag.

Im Neuen Testament stehen 27 Bücher. „Neu" deshalb, weil durch Jesus Christus etwas völlig neu wurde: Gottes Liebe gilt auch dir und mir! Von daher schloss er mit uns einen neuen Vertrag. Jesus brachte wieder in Ordnung, was zwischen uns und Gott in die Brüche gegangen war. Auch dazu haben wir die Bibel: Sie hilft uns, unsere Schuld einzusehen, wieder auf den richtigen Weg zu kommen und so zu leben, wie es Gott gefällt.

Wo hast du schon einmal etwas falsch gemacht, vielleicht einen anderen Menschen verletzt oder gelogen? Wie hat der andere darauf reagiert? Hast du dich bei ihm entschuldigt, habt ihr euch wieder vertragen? Wie hast du das gemacht?

Vertiefung

Diese Vertiefung soll eine konkrete Handlung sein: Mach den Kindern ihre eigene Bibel wichtig! (Dies ist zum Beispiel auch ein guter Zeitpunkt, um den Kindern eine eigene Bibel zu schenken.) Wecke in ihnen den Wunsch,

- dass sie selbst darin regelmäßig lesen, um Gott besser kennenzulernen,
- dass sie ihre Bibel jede Woche in die Jungschar mitbringen,
- dass ihr euch z. B. eine Viertelstunde vor/nach der Jungschar zum Bibellesen trefft.

Beispiel Navigationsgerät (oder Karte)

Um ans Ziel zu kommen, brauchen wir eine Karte oder ein Navigationsgerät. Sie helfen uns, den richtigen Weg zu finden. Die Bibel ist ein Navigationsgerät für mein Leben! Gott will mir durch das Buch der Bücher, durch das, was er darin für mich hat festhalten lassen, zeigen, wie mein Leben gut gelingt und ich ans Ziel - zu ihm - komme!

Wie die Navigation mit der Bibel funktioniert? Durch das Lesen der Bibel, durch das Entdecken der vielen Geschichten der Menschen, die etwas mit Gott erlebt haben, und durch das Lernen von ihnen. Immer wieder werden wir beim Lesen dieser Berichte auf etwas stoßen, das zu uns, zu unserem Leben passt - und davon werden wir für uns etwas lernen und den Weg durch unser Leben leichter finden.

Lösungen zum Arbeitsblatt

Die Bibel wurde **von Gott selbst durch viele verschiedene Menschen** geschrieben.

Mose wuchs im Haus des Pharao auf. Er tötete einen Ägypter. Gott redete zu ihm auf besondere Weise und gebrauchte ihn als Retter für sein Volk.
Lukas war Arzt von Beruf.
Markus war mit Paulus und Barnabas für Jesus unterwegs.
David war Hirte und Soldat. Er besiegte den Feind Goliat. Gott war immer an seiner Seite. David tanzte aus Freude vor Gott, als er die Bundeslade nach Jerusalem zurückbrachte.
Nehemia war Mundschenk und Statthalter, **Esra** war Priester von Beruf.
Salomo war (wie David) König von Israel. Salomo hatte viele Frauen - die brachten ihn leider weg von Gott.
Johannes war Fischer. Er war ein sehr guter Freund von Jesus.
Paulus (vorher hieß er Saulus) verfolgte Christen und ließ sie umbringen. Von Beruf war er Zeltmacher und Pharisäer.

„Denn die ganze Heilige Schrift ist von Gott **eingegeben**.
Sie soll uns **unterweisen**;
sie **hilft** uns, unsere Schuld **einzusehen**,
wieder auf den **richtigen** Weg zu **kommen** und
so zu **leben**, wie es Gott **gefällt**."
2. Timotheus 3,16 (Hfa)

DER BIBEL AUF DER SPUR!

Die Bibel ist ein spannendes Buch - aber wer hat sie geschrieben?

Gott ließ seinen Liebesbrief an dich und mich durch total verschiedene Menschen festhalten. Er „flüsterte" ihnen ins Ohr, was er gern im Buch der Bücher stehen hat:

Denn niemals haben sich die Propheten selbst ausgedacht, was sie verkündeten. Immer trieb sie der Heilige Geist dazu, das auszusprechen, was Gott ihnen eingab (2. Petrus 1,21).

FÜR BIBELENTDECKER

Was für „Typen" haben die Worte und Taten Gottes festgehalten?

Autor	Diese Bücher schrieb er	Bibelstelle	Das erfahre ich über den Autor
Mose	1. bis 5. Mose	2. Mose 2,10.11.12; 2. Mose 3,1.2	
Lukas	Lukasevangelium, Apostelgeschichte	Kolosser 4,14	
Markus	Markusevangelium	Apostelgeschichte 12,12.25	
David	viele der Psalmen	1. Samuel 16,11; 17,1-50; 18,14; 2. Samuel 6,5	
Esra und Nehemia	Esra und Nehemia	Nehemia 1,11; Nehemia 8,9	

Salomo	Sprüche, Prediger, Hohelied, einige Psalmen	1. Könige 1,43; Nehemia 13,26	
Johannes	Johannesevangelium, 1. - 3. Johannesbrief, Offenbarung	Matthäus 4,21; Johannes 13,23	
Paulus	viele Briefe, z. B. Römer, Korinther usw.	Apostelgeschichte 9,1-2; 18,3; Philipper 3,5-6	

Die ca. 40 Schreiber der Bibel haben ihre Bücher in hebräischer und griechischer Sprache geschrieben. Das Alte Testament ist auf Hebräisch und einzelne Teile auf Aramäisch (das klingt ziemlich ähnlich wie Hebräisch) festgehalten. Das Neue Testament ist auf Griechisch verfasst. Das war zur Zeit Jesu die Weltsprache.

Hinter allem, was Gott schafft und schenkt, steckt eine Idee und ein Ziel!
Weshalb gab er uns die Bibel?

Setze folgende Wörter richtig ein:
kommen - unterweisen - leben - hilft - gefällt - eingegeben - einzusehen - richtigen

Tipp: 2. Timotheus 3,16 (Hfa) kann dir bei der Lösung helfen!

„Denn die ganze

Heilige Schrift ist von Gott ____________.

Sie soll uns ____________; sie ______ uns,

unsere Schuld ____________, wieder auf den

__________ Weg zu ______ und so zu

______, wie es Gott ________."

ÜBERLEG MAL!

Ist dir selbst Gott schon einmal in der Bibel begegnet?
Wo hat er dich schon unterwiesen, d.h. unterrichtet?
Wo hast du gemerkt, was in deinem Leben falsch läuft?
Wo hat dich Gott mit seinen Worten wieder auf den richtigen Weg gebracht?
Wo hat dir die Bibel schon geholfen so zu leben, wie es Gott gefällt und es gut für uns Menschen ist?

Um gut ans Ziel zu kommen, brauchen wir ein Navigationsgerät. Es hilft uns, den richtigen Weg zu finden. Die Bibel ist so ein Navigationsgerät für mein Leben! Gott will mir durch das Buch der Bücher zeigen, wie mein Leben gut gelingt. Durch das, was er darin für mich hat festhalten lassen, komme ich ans Ziel - zu ihm!

4: DIE BIBEL VON A BIS Z!

Text: 1. Mose bis Offenbarung
Zielgedanke: Die Kinder sollen einen Überblick über das Buch der Bücher und die Geschichte Gottes mit uns Menschen bekommen.
Merkvers: Ich bin der, der alles erfüllt, der Erste und Letzte, der Anfang und das Ende (Offenbarung 22,13).

BAUSTEINE FÜR DIE ANDACHT

Gott der Vater, Jesus Christus der Sohn und der Heilige Geist waren schon immer da und werden auch immer da sein. Die Bibel berichtet von A wie Anfang bis Z wie Ziel, von der Schöpfung dieser Erde bis zur Neuschöpfung, dem neuen Himmel und der neuen Erde. In der Bibel erfahren wir alles Wichtige von der Geschichte und dem Plan Gottes mit uns Menschen. Wir lesen von Gottes ursprünglicher Absicht mit dieser Welt und wie er mit ihr zu seinem Ziel kommen wird.

Einstieg

Passend dazu dürfen die Kinder jetzt versuchen, die einzelnen Bilder in die richtige Reihenfolge zu bringen. Die Bilder werden dazu einzeln auf Blätter gedruckt/kopiert. Sie können von den Kindern gemeinsam sortiert werden. Dazu legst du auf den Boden ein Kreppklebeband mit der Klebefläche nach oben aus. Die Länge des Kreppbandes richtet sich nach der Größe der Symbole. Markiere 20 Abschnitte auf dem Band. Das ist jetzt der Zeitstrahl: links ist der Anfang, rechts ist das Ende.
Alternative: Es werden mehrere Gruppen gebildet und jede Gruppe bekommt einen Satz der Bilder. Welche Gruppe hat als erste die richtige Reihenfolge herausgefunden bzw. welche Gruppe hat nach einer bestimmten Zeit die meisten Bilder an die richtige Stelle sortiert?

Darlegung

Zeige auf, dass Gott in unserem Leben nicht nur eine Rolle spielen, sondern der Regisseur sein will. In der Bibel lesen wir von vielen Biografien, in denen Gott nicht die erste Geige gespielt hat, sondern der Dirigent war! Er ist ein Gott, der in der Geschichte von uns Menschen handeln, Akzente setzen und uns an sein Ziel bringen will!

Wenn die Kinder die richtige Reihenfolge herausgefunden haben - oder schon während des Rätselns (je nach Gruppe, wie viel Vorwissen die Kinder haben und wie viel man sie entsprechend allein machen lassen kann) wird zu jedem der Bilder noch kurz etwas gesagt:

1. Schöpfung (Adam und Eva) *1. Mose*
Gott hat die ganze Welt, dich und mich erschaffen, weil er mit uns zusammen sein will! (1. Mose 1; 2; Prediger 3,11; „Du willst, dass es Freude bereitet, dich zu loben, denn du hast uns zu dir hin geschaffen und ruhelos ist unser Herz, bis es ruht in dir." - Augustinus, Bekenntnisse/Confessiones 1,1)

2. Sündenfall *1. Mose*
Die Menschen machen einen großen Fehler und die Freundschaft zwischen Gott und ihnen zerbricht.

3. Noah und die Sintflut *1. Mose*
Gott rettet Noah und seine Familie sowie die Tiere durch die Arche und gibt den Menschen eine neue Chance.

4. Turmbau zu Babel *1. Mose*
Die Menschen wollen immer noch nicht auf Gott hören, Gott beginnt neu mit Abraham und mit dem Volk Israel.

5. Knechtschaft *2. - 5. Mose; Josua*
Das Volk Israel kommt in die Sklaverei der Ägyptern, Mose führt das Volk nach zehn Plagen aus Ägypten heraus.

6. Wüstenwanderung, Gesetzgebung, Einzug ins verheißene Land
2. - 5. Mose; Josua Gottes Volk hört auch jetzt nicht auf Gott, bleibt 40 Jahre in der Wüste und bekommt die Zehn Gebote.

7. Die Zeit der Richter und der Könige *Richter; Rut; 1./2. Samuel; 1./2. Könige; 1./2. Chronik; Esra; Nehemia; Ester; Propheten*
Israel bekommt erst Männer, die nach dem Rechten sehen, will dann aber auch einen König wie die anderen Völker ringsherum.

8. Die Zeit der Verschleppung, Gefangenschaft und Rückkehr
Richter; Rut; 1./2. Samuel; 1./2. Könige; 1./2. Chronik; Esra; Nehemia; Ester; Propheten
Israel will nicht auf Gott hören; Gott lässt sie gehen; das Volk wird in fremde Länder verschleppt; nach einigen Jahren kehren sie nach und nach zurück.

9. Jesu Geburt *Matthäus; Markus; Lukas; Johannes*
Gott wird Mensch in Jesus Christus.

10. Jesus und seine Jünger *Matthäus; Markus; Lukas; Johannes*

Der von Gott versprochene Retter Jesus beginnt zu wirken und sammelt seine „Mannschaft“ um sich herum.

11. Jesu Tod *Matthäus; Markus; Lukas; Johannes*

Jesus bezahlt für unsere Sünden, unsere Fehler.

12. Jesu Auferstehung *Matthäus; Markus; Lukas; Johannes*

Gott erkennt das Opfer seines Sohnes an, erweckt ihn von den Toten und schenkt uns dadurch neues, ewiges Leben!

13. Jesu Himmelfahrt *Apostelgeschichte*

Jesus kehrt zurück zu seinem Vater in den Himmel.

14. Pfingsten *Apostelgeschichte*

Andererseits schickt er seinen Heiligen Geist auf die Erde. Wenn wir an Jesus glauben, wohnt Gottes Geist in uns (Epheser 1,13).

15. Die Zeit der Gemeinde *Apostelgeschichte*

Die Jünger erzählen jetzt als Apostel (Gesandte) von Gott und gründen die Gemeinde Jesu.

16. Jesu Wiederkunft *Briefe von Paulus, Jakobus; an die Hebräer; von Petrus, Johannes, Judas; Offenbarung*

Jesus wird wiederkommen und alle auf der Erde zu sich holen, die zu ihm gehören.

17. Die Zeit der großen Katastrophen *Briefe von Paulus, Jakobus; an die Hebräer; von Petrus, Johannes, Judas; Offenbarung*

Es wird eine schreckliche Zeit kommen, in der es viel Leid geben wird und viele Katastrophen geschehen werden.

18. Das 1000-jährige Reich *Briefe von Paulus, Jakobus; an die Hebräer; von Petrus, Johannes, Judas; Offenbarung*

Jesus wird ein neues Reich aufbauen, das 1.000 Jahre Frieden bringen wird, Satan wird nichts anrichten können, allerdings darf er nach dieser Zeit noch kurz ein allerletztes Mal Chaos in die Welt bringen.

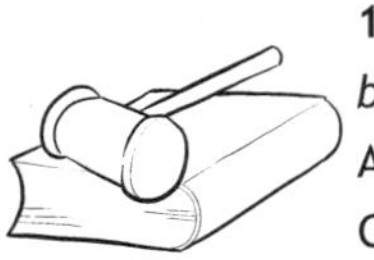

19. Das Endgericht *Briefe von Paulus, Jakobus; an die Hebräer; von Petrus, Johannes, Judas; Offenbarung*
Am Ende der Zeit werden alle Menschen von Gott zur Verantwortung gerufen. Gott redet schon immer zu allen Menschen und lädt sie ein, mit ihm zu leben.

20. Der neue Himmel und die neue Erde *Briefe von Paulus, Jakobus; an die Hebräer; von Petrus, Johannes, Judas; Offenbarung*
Dann kommt Gottes neue Welt, in der es kein Leid, kein Geschrei und keine Tränen mehr geben wird! Das ist das Ziel unseres Lebens: dass wir mit Gott für immer zusammen sind. Das wird obermegahammergenial!

Gespräch

Vermittle den Kindern den Kerngedanken, dass Jesus Christus der Anfang und das Ziel ist! Alles ist durch ihn entstanden, alles führt zu ihm hin (Offenbarung 22,13; Kolosser 1,15-23). Die Bibel berichtet uns vom Anfang der Geschichte Gottes mit uns bis zu ihrer Vollendung. Es lohnt sich, einen Überblick zu gewinnen und zu wissen, wo wie und was einzuordnen ist bzw. stattgefunden hat.

Hier kann gut auf Fragen der Kinder zu den Ereignissen der Bibel eingegangen werden. Es ist wichtig, dass die Kinder den wesentlichen roten Faden verstehen können, z. B. welche Beziehung Gott und Jesus zueinander haben; was es bedeutet, dass Jesus als Mensch zu uns kam; was es für uns bedeutet, dass er am Kreuz gestorben ist; wie Gott sich die Erde eigentlich vorstellte usw.

Vertiefung

Teile jedem Kind das Arbeitsblatt aus. Das Rätsel kann nun gelöst werden.

Jedes Kind bekommt das „Bibelpuzzle" vom Einstieg und kann es zuhause selbst spielen. Die Symbole können dazu auf ein DIN-A4-Blatt aus Karton gedruckt/kopiert werden und die Kindern können sich die Karten ausschneiden. Wenn jedes Kind zwei Kopien erhält, kann es sich daraus sogar ein tolles Bibelmemory basteln!

Lied-Tipp
Nein, nein, nie, nie

Lösungen zum Arbeitsblatt

siehe Liste Seite 36-38

DIE BIBEL VON A BIS Z!

In der Bibel steht alles von A bis Z: vom Anfang bis zum Ziel! Gott zeigt uns in ihr Wesentliches auf, z. B. dass er diese Welt, dich und mich gemacht hat, weil er mit uns zusammenleben möchte! Er will unser Freund und Herr sein.

Leider haben wir Menschen ihm die Treue gebrochen – und die Geschichte Gottes mit uns Menschen verlief anders als geplant. Dennoch hatte Gott einen Rettungsplan in der Tasche: Er schickte seinen Sohn Jesus Christus zu uns auf die Erde, um den Schaden dieser Welt wieder in Ordnung zu bringen. Jetzt kann jeder Mensch wieder mit Gott leben und eines Tages bei ihm im Himmel sein! Das ist das Ziel, das er sich für uns wünscht (Johannes 3,16)!

DIE BIBEL VON A BIS Z – KENNST DU DICH AUS!?

Schreibe zu den jeweiligen Symbolen den richtigen Begriff dazu! Als Hilfe findest du an der Seite die Begriffe – allerdings sind sie ziemlich durcheinandergeraten ...

- Knechtschaft
- Endgericht
- Jesu Tod
- Wüsten-wanderung
- Jesu Wieder-kunft
- Schöpfung
- Sündenfall
- Neuer Himmel und neue Erde
- Katastrophen
- Noah/Sintflut
- Auferstehung
- Apostel/Gemeinde
- Turmbau zu Babel
- 1.000-jähriges Reich
- Richter und Könige
- Pfingsten
- Verschleppung/Gefangenschaft/Rückkehr
- Jesu Geburt / Jesus und seine Jünger
- Jesu Himmelfahrt

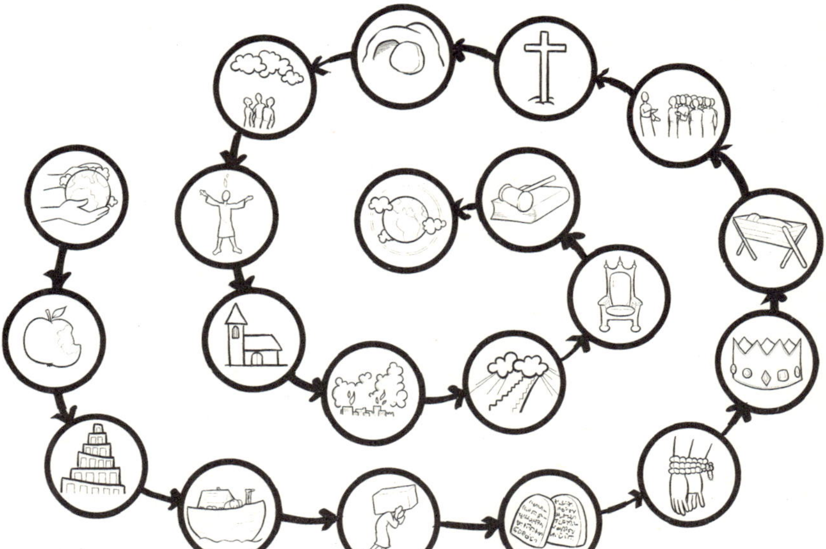

MERKVERS

Ich bin der, der alles erfüllt, der Erste und Letzte, der Anfang und das Ende (Offenbarung 22,13).

5: SCHNUPPERNASE – STECK DIE NASE IN DIE BIBEL!

Text: Johannes 1,43-51
Zielgedanke: Die Kinder sollen ermutigt werden, in die Bibel hineinzuschnuppern. Sie sollen dort spannende Geschichten „ent"-decken. Wenn wir Gott von ganzem Herzen suchen, d.h. auf ihn hören, dann wird er sich finden lassen. Er wird zu uns reden!
Merkvers: Denn wenn ihr mich von ganzem Herzen sucht, werde ich mich von euch finden lassen. Das sage ich, der Herr (Jeremia 29,13b-14a).

BAUSTEINE FÜR DIE ANDACHT

Einstieg/Spiel

als Hinführung zum Thema

Vorbereitung: Nimm einen leeren Karton, schneide in die Seite ein ca. 8 x 8 cm großes Loch, wirf ein Handtuch über den Karton / das Loch und lege in den Karton irgendeinen besonderen Gegenstand (z. B. Kerzenlöscher, Nussknacker, Mausefalle).
Ablauf: Ein Freiwilliger darf nun in den Karton fassen und versuchen herauszubekommen, was in dem Karton ist. Er behält es natürlich für sich. Weitere Freiwillige dürfen ebenfalls den Gegenstand im Karton „erfühlen".

Was musste man tun, um herauszufinden, was sich in diesem Karton befindet? Man musste den Mut haben, hineinzugreifen und versuchen den Gegenstand zu erfühlen. Es reichte nicht, den Karton nur von außen anzuschauen. Von außen hätte man höchstens raten können, was in ihm steckt. Man musste sich daher auf den Weg machen und den Gegenstand im Karton blind erfühlen.
Mit der Bibel ist es genauso: Wenn ich wissen will, was in der Bibel steckt, dann muss ich sie in die Hand nehmen, öffnen, in sie hineinschnuppern und die Geheimnisse Gottes „ent"-decken.

Darlegung

Philippus lernt Jesus kennen und ist total aus dem Häuschen! Er erzählt seinem besten Freund Nathanael von ihm und ist so begeistert von Jesus, dass sein Kumpel erst mal komisch schaut und meint: „Hey, bleib locker, mein Freund! Was kann denn aus Nazareth schon Gutes kommen?“ Philippus versucht aber nicht, seinen Freund zu überreden, Jesus genauso toll zu finden wie er, sondern er lädt ihn ein und sagt: „Lass dich darauf ein und hab selbst den Mut, Jesus kennenzulernen!“

So wie sich einige Freiwillige gerade auf den Weg gemacht haben, um herauszufinden, was in dem Karton steckt, so hat sich Nathanael mutig auf den Weg gemacht Jesus kennenzulernen. Also: Steck die Nase in die Bibel und lass dich überraschen, was du darin entdecken und kennenlernen wirst!

Tipp zum Text

Spiel 4: Verschiedene Buchstaben- und Wortspiele, Lückentext, siehe Seite 79

Gespräch

Für die Kinder gilt: „Habe den Mut, Gott kennenzulernen!“ Nur von außen draufzuschauen, bringt nichts. Nur eine Bibel im Schrank stehen zu haben, bringt dich Gott nicht näher. Verstaubt deine Bibel nur im Bücherregal? Oder hast du den Mut, „Gottes Liebesbrief an dich“ zu lesen?

Nathanael hat den Mut. Er will Jesus begegnen und macht sich auf den Weg, um ihn zu finden. Jesus entdeckt ihn und bringt ihm große Wertschätzung entgegen: „Ein aufrichtiger Mensch“, lobt ihn Jesus. Genauso findet Gott auch dich erste Sahne!

Andererseits weiß Nathanael, was Jesus damit anklingen lässt: Einen Vers aus der Bibel (Psalm 32)! Hier „ent“-decke ich: „Glücklich kann sich derjenige nennen, der Gott nichts vormacht und zu seiner Schuld steht“! Toll, oder?! Gott lässt sich finden und will es mit mir zu tun haben, egal was war! So etwas „ent“-decke ich in der Bibel, wenn ich sie lese.

Wer hat noch etwas anderes Tolles, Überraschendes, Spannendes in der Bibel entdeckt? Die Kinder können sich gegenseitig davon erzählen.

Vertiefung

Welche spannenden Geschichten haben die Kinder noch in der Bibel „ent“-deckt? Sie können auch bis zum nächsten Mal noch mehr kennenlernen: Jeder liest in der Bibel, wo er gerade mag, und legt bei der Geschichte, die er spannend oder interessant findet, einen Zettel rein! Nächste Woche bringt jeder seine Bibel mit und die Kinder erzählen sich einander die Geschichten.

Tipps

Dazu ist es wichtig, dass jedes Kind eine Bibel für zu Hause hat oder jetzt mitbekommt. Sollte es Kinder in der Gruppe geben, die zu Hause nicht in der Bibel lesen dürfen, kann ihnen vielleicht ein Büchlein mit einer biblischen Geschichte mitgegeben werden. Wird die

Andacht während einer Freizeit durchgeführt, sollte im Laufe des Tages Zeit für diese Aufgabe eingeplant werden. Und wenn es kein nächstes Mal gibt, sollten die Kinder trotzdem ermutigt werden, die Bibel zu lesen und vielleicht Familienmitgliedern oder Freunden die Geschichten zu erzählen, die sie spannend oder interessant finden.

Merkvers lernen

Besorge 6 Luftballons: Auf jeden Ballon wird ein Stück des Merkverses geschrieben (jedes Wort untereinander): „Wenn ihr mich“ - „von ganzem Herzen“ - „suchen werdet“ - „so will ich mich“ - „von euch finden lassen“ - „spricht der HERR“. Nach und nach platzt ein Ballon nach dem anderen und somit wird es immer schwieriger, den Vers aufzusagen. Wer schafft es trotzdem?

Spiele

Nun können noch Spiele, bei denen man etwas herausfinden oder wissen muss, gespielt werden: siehe Spiel 10, Seite 84.

Lösungen zum Arbeitsblatt

überglücklich / mitteilen / komisch / mitnehmen

1. Mose 4,2: Hirte, Bauer
1. Mose 9,20: Weinbauer
1. Mose 38,28: Hebamme
1. Mose 40,9: Mundschenk
1. Mose 40,20: Pharao, Hofbeamter, Mundschenk, Bäcker
1. Mose 46,34: Viehhirten
4. Mose 13,17.18: Kundschafter
1. Samuel 10,1: Anführer
1. Samuel 16,19: Boten, Schafhirte
1. Könige 6,1: König
1. Könige 11,28: Aufseher, Fronarbeiter
Esra 2,70: Priester, Leviten, Tempeldiener, Sänger, Torwächter
Matthäus 4,18: Fischer
Markus 6,3: Zimmermann
Lukas 19,2: Zöllner
Apostelgeschichte 18,3: Zeltmacher
Apostelgeschichte 22,3: Lehrer/Pharisäer

SCHNUPPERNASE
STECK DIE NASE IN DIE BIBEL!

Hast du dich schon einmal auf ein Abenteuer eingelassen oder etwas Besonderes ausprobiert, z. B. ohne Zelt im Freien übernachtet, krasse Achterbahn gefahren, eine besondere Spezialität aus einem fernen Land gegessen usw.? **Erzähle den anderen, wie das für dich war!**

Philippus hatte Jesus persönlich kennen- und lieben gelernt. Er war völlig aus dem Häuschen und wollte seinen besten Freund Nathanael unbedingt auch mit Jesus bekannt machen. Nathanael will aber zuerst gar nichts von Jesus wissen. Er ist sich nicht sicher, ob das so der Bringer ist, was sein Freund Philippus ihm da vorschlägt.

Es ist völlig normal, dass wir Menschen erst einmal zurückhaltend sind, wenn etwas Neues auf uns zukommt und womöglich unser ganzes Leben verändert werden könnte.

WIE IST DAS BEI DIR?

Hattest du schon den Mut, dich auf Jesus einzulassen und mit ihm dein Leben zu gestalten? Spielt Jesus in deinem Leben die Hauptrolle und hörst du auf das, was er dir in seinem Liebesbrief (der Bibel) sagt? Oder bist du gerade erst beim Kennenlernen und ganz gespannt, was dich erwarten wird?

Kreuze die richtigen Wörter an!

Philippus war
a. zurückhaltend b. überglücklich c. beleidigt
Jesus zu kennen. Diese riesengroße Freude musste er seinem Kumpel
a. vorspielen, b. verheimlichen, c. mitteilen,
auch auf die Gefahr hin, dass er von ihm
a. komisch b. interessiert c. liebevoll
angeschaut wurde. Hast du schon mal einen Freund
a. abhalten b. mitnehmen c. zwingen
wollen in die Jungschar oder auf ein Zeltlager, und er wollte nicht? Wie ging es dir dabei?

Hab den Mut und bleib an deinen Freunden, Klassenkameraden und Nachbarn dran! Lade sie ein in die Jungschar oder was es bei dir für Veranstaltungen gibt!

In der Bibel können wir wirklich viele spannende Geschichten lesen! Wir lesen in Gottes Liebesbrief von ganz verschiedenen Personen mit total unterschiedlichen Berufen.

Finde ein paar Berufe heraus, die in der Bibel vorkommen!

Bibelstelle	Beruf oder Aufgabe dieser Person
1. Mose 4,2	______________________
1. Mose 9,20	______________________
1. Mose 38,28	______________________
1. Mose 40,9	______________________
1. Mose 40,20	______________________
1. Mose 46,34	______________________
4. Mose 13,17.18	______________________
1. Samuel 10,1	______________________
1. Samuel 16,19	______________________
1. Könige 6,1	______________________
1. Könige 11,28	______________________
Esra 2,70	______________________
Matthäus 4,18	______________________
Markus 6,3	______________________
Lukas 19,2	______________________
Apostelgeschichte 18,3	______________________
Apostelgeschichte 22,3	______________________

In der Bibel gibt es sehr viele spannende, aber auch komische und witzige Geschichten zu lesen.
Welche hast du schon entdeckt?
Liest du (regelmäßig) in der Bibel?
Schau doch mal rein in das Buch der Bücher!

MERKVERS

Denn wenn ihr mich von ganzem Herzen sucht, werde ich mich von euch finden lassen. Das sage ich, der Herr (Jeremia 29,13b-14a).

6: Ich will verstehen, was Gott sagt!

Text: Apostelgeschichte 8,26-39
Zielgedanke: Um mit Gott zu leben, brauche ich zuerst die Begegnung mit ihm, mit seinem Wort und mit anderen Christen!
Merkvers: Der Glaube kommt also aus dem Hören der Botschaft; die Botschaft aber gründet in dem Auftrag, den Christus gegeben hat (Römer 10,17).
oder nach Luther: Der Glaube kommt aus der Predigt, das Predigen aber durch das Wort Christi.

Bausteine für die Andacht

Einstieg

Erzähle z. B. eine Situation aus deinem Lebens, in der du voller Erwartungen warst und dann bitter enttäuscht wurdest (vielleicht hast du dir als Kind einmal etwas Bestimmtes gewünscht und hast etwas ganz anderes bekommen; oder du hast dich so sehr auf einen Ausflug mit deiner Familie gefreut und dann ist er ausgefallen). Oder du berichtest von einem aktuellen Ereignis, bei dem jemand nach großen Erwartungen und Hoffnungen am Schluss mit leeren Händen dastand (z. B. eine Fußballmannschaft, die ein Finale verloren hat).

Verknüpfe diesen Bericht dann mit der Geschichte: „Ähnlich enttäuscht war der Finanzminister eines reichen Landes. Er unternahm eine halbe Weltreise und wollte unbedingt nach Jerusalem, zum Tempel, um dort Gott zu begegnen. Dieser Tempel war neben den Pyramiden von Gizeh eines der gigantischsten Gebäude der damaligen Zeit ..."

Darlegung

Erzähle, was der Finanzminister vorgehabt hat und was ihm in Jerusalem passiert ist. Dieser Äthiopier ist Gott nicht egal und er bleibt an ihm dran. Gottes Bodenpersonal muss den anstrengenden Weg auf sich nehmen und exakt diese Straße entlanggehen. Schildere, wie Philippus mit dem Äthiopier ins Gespräch kommt und ihm das Evangelium erklärt.

Auch wir können heute immer wieder beten: „Herr, öffne mir die Augen für die Wunder, die dein Gesetz in sich verborgen hält (Psalm 119,18)! Ich will wie der Finanzminister verstehen, was du in deinem Wort zu mir sagst!"

Gespräch

Hier bietet es sich (je nach Gruppe und Situation) an, den Kindern die gute Nachricht zu erklären (z. B. mit dem bekannten Bild der Schlucht: Jesus ist für uns Menschen die Brücke zum Vater).
Behalte aber im Auge, dass der inhaltliche Schwerpunkt dieser Andacht ist, dass Gott uns auch heute Klarheit, Weisheit und Verständnis der biblischen Texte schenken will (Jakobus 1,5; Johannes 16,13).

Welche Möglichkeiten kennen die Kinder, die Bibel besser zu verstehen?
Diese können gesammelt, den anderen vielleicht noch erklärt (je nach Bedarf) und weitere Möglichkeiten können aufgezeigt werden.
Beispiele: Christen fragen (Eltern, Jungscharmitarbeiter); Gebet; Bibellexikon (für Kinder); Internet (je nach Alter der Kinder!); Parallelen zum eigenen Leben heute suchen und dadurch den Bibeltext verständlicher machen; verschiedene Bibelübersetzungen/-übertragungen; Erklärungsbücher (je nach Alter der Kinder); Bibellese (für Kinder)

Vertiefung

Rede mit den Kindern darüber, was sie nicht begreifen, wo sie Fragen an die Bibel haben oder Gott nicht verstehen.

Die Kinder können auch ermutigt werden, bis zum nächsten Mal in ihrer Bibel zu lesen und alle Fragen aufzuschreiben, die sich ihnen stellen. Dann versucht ihr gemeinsam beim nächsten Treffen die Fragen zu beantworten.
Tipp: Sollte es kein nächstes Treffen geben, kann man den Kindern vielleicht eine E-Mail-Adresse geben, wohin sie ihre Fragen schreiben können. Einige Mitarbeiter können sie dann beantworten.

Merkvers

Der Glaube kommt also aus dem Hören der Botschaft; die Botschaft aber gründet in dem Auftrag, den Christus gegeben hat (Römer 10,17).

Lösungen zum Arbeitsblatt

Der Äthiopier hatte Probleme das zu verstehen, was er in der Schriftrolle las. Gott will aber, dass wir sein Wort verstehen und begreifen, was er für uns getan hat und noch tun will! Er meint es gut mit uns (Jeremia 29,11)!

Weisheit

ICH WILL VERSTEHEN, WAS GOTT SAGT!

Was hat sich der Finanzminister aus Äthiopien wohl gedacht, als er den weiten, weiten Weg von seiner Heimat nach Jerusalem auf sich genommen hat und nach all den Strapazen im Tempel die Tür vor der Nase zugeschlagen bekommt? „Du kommst hier leider nicht rein!“ Was für eine Enttäuschung!

ÜBERLEG MAL!

Wo bist du schon von anderen ausgegrenzt worden oder hast selbst andere nicht mitmachen lassen? Hab den Mut, andere mitmachen zu lassen und einzuladen!

Der Mann lässt sich aber nicht von seiner Suche nach Gott abbringen und kauft eine Schriftrolle - einen Teil der Bibel! So sitzt er auf seinem Pferdewagen, rollt Richtung Heimat, liest laut (damals üblich) und Philippus, den Gott extra hier vorbeischickt, hört ihn!

WIE IST DAS BEI DIR?

Gab es in deinem Leben schon einmal eine Situation, in der du gemerkt hast: „Hier und jetzt hat Gott etwas mit mir vor!“? BIst du wie Philippus bereit, auf Gottes Stimme zu hören und das zu tun, was er dir sagt?

Für Philippus erschien das zunächst wenig sinnvoll. Wer geht denn schon gern freiwillig in der heißesten Mittagszeit auf einer einsamen Straße spazieren, ohne zu wissen, was das soll?!

Dre Äiithpeor htate Porbelme dsa zu vresthene, wsa er in dre Shcrtfirlloe lsa. Gtot wlli aebr, dsas wri sine Wrot vreshtene udn kpaeirne, wsa er frü usn gaten hta nud ncoh tnu wlli!
Er mient se gtu mti usn (Jremeai 29,11)!

Von daher ist es gut, wenn wir mit anderen über unsere Fragen reden und Gott um _ _ _ _ _ _ _ _ _ bitten (Jakobus 1,5)!
Er will Licht ins Dunkel unserer Fragen bringen und uns in seinem Wort begegnen! Lies die Bibel und staune über ihre Aktualität und was das alles mit dir zu tun hat!

MERKVERS

Der Glaube kommt also aus dem Hören der Botschaft; die Botschaft aber gründet in dem Auftrag, den Christus gegeben hat (Römer 10,17).

7: ZEIT MIT GOTT – WIESO, WESHALB, WARUM?

Text: Apostelgeschichte 22,8.10
Zielgedanke: Die Bedeutung der „Stillen Zeit“, meiner persönlichen Zeit mit Gott, soll den Kinder klargemacht werden und wir wollen sie dafür gewinnen und motivieren. So können sie Gott besser kennenlernen!
Merkvers: Herr, zeige mir den richtigen Weg, damit ich in Treue zu dir mein Leben führe! Lass es meine einzige Sorge sein, dich zu ehren und dir zu gehorchen! (Psalm 86,11)!
oder nach Hfa: Herr, zeige mir deinen Weg, ich will dir treu sein und tun, was du sagst!

BAUSTEINE FÜR DIE ANDACHT

Vorbereitung: Papier und Stifte für jedes Kind bereithalten

Einstieg

Jedes Kind malt ein Bild, was oder wen es sehr gern hat und mit was oder wem es am liebsten den ganzen Tag verbringen würde.
Danach sagt jedes Kind einen Satz zu seinem Bild, alle Bilder werden in die Mitte des Sitzkreises gelegt oder an einer Wand, die für alle gut sichtbar ist, aufgehängt.

Darlegung

Es gibt viele Bereiche in unserem Leben, mit denen wir Zeit verbringen wollen oder müssen: Freunde, Familie, Schule, Fußball, Reiten usw.

Nun stellt sich jedem die Frage: Kennst du Gott? Weißt du, dass er dich sehr liebt und riesig großes Interesse an deinem Leben hat? Wenn ja, dann lautet die nächste Frage: Und wie antworte ich auf seine Freundschaft und seine ausgestreckte Hand?
Es gibt nur eine Antwort: mit meiner Liebe!
Das größte und wichtigste Gebot lautet: Liebe den Herrn, deinen Gott, von ganzem Herzen, mit ganzem Willen und mit deinem ganzen Verstand (Matthäus 22,37)!

Wie buchstabiert man „Liebe“?
„Z“ - „E“ - „I“ - „T“! ZEIT!
Wenn ich etwas oder jemanden lieb habe, dann verbringe ich mit ihm Zeit.

Ein Mitarbeiter erzählt ein persönliches Beispiel, wen er lieb hat und deshalb mit ihm Zeit verbringt.

Eine Freundschaft kann nur bestehen bleiben und wachsen, wenn man mit dem anderen etwas unternimmt, Zeit mit ihm verbringt, ihm zuhört und selbst mit ihm redet und ihn im Laufe der Zeit immer mehr kennen- und schätzen lernt.
Das ist mit Gott genauso! Jesus fragt einmal Petrus, nachdem dieser dreimal abgestritten hat, Jesus zu kennen: „Hast du mich lieb?"

Ich will Zeit mit ihm verbringen, wenn ich ihn auch lieb habe, wenn er mir wichtig ist im Leben! Ich will mit ihm reden und ihm sagen, was mich freut oder mir Kummer macht! Das nennen wir Christen „Gebet" - Reden mit Gott.

Ich will auf ihn hören, damit ich immer mehr erkenne, was Gott für mein Leben will und wie mein Leben in seinen Augen am besten gelingt! Das geschieht vor allem durch das Lesen der Bibel. Die Bibel kommt in meinem Leben nur dann zum Zug, wenn ich in ihr lese, ich mich darin immer mehr vertiefe und dadurch mit Gottes Gedanken vertrauter werde.

Alles zusammen nennen wir „Stille Zeit". Dazu braucht man vor allem:
Stille: ein paar Augenblicke der Ruhe, ohne Lärm, MP3-Player oder Fernsehen, ohne Störung durch andere ...
Zeit: So wie ich mir Zeit nehme, um einen Film anzuschauen oder ein Eis zu essen, genauso will ich mir Zeit nehmen, um mit Gott zu reden und auf ihn zu hören.

Gespräch

Jesus sagt: „Ich bin jeden Tag bei dir! Immer! Auch wenn du nicht an mich denkst oder nichts von mir spürst!"
Ich will mir auch rund um die Uhr bewusst machen, dass Gott jetzt für mich da ist und mir z. B. die nötige Kraft gibt für das, was bei mir jetzt gerade ansteht!

Der Herr hat dich wissen lassen, Mensch, was gut ist und was er von dir erwartet: Halte dich an das Recht, sei menschlich zu deinen Mitmenschen und lebe in steter Verbindung mit deinem Gott (Micha 6,8)!

Lass einige Kinder erzählen, ob und wie sie schon solch eine Zeit mit Gott verbringen.
Mach ihnen Mut, dass sie Zeit mit Gott verbringen und in ihrer Bibel lesen!
Warum das super ist, erfahren die Kinder anschließend in der Vertiefung.

Vertiefung

Warum ist es super, Zeit mit Gott zu verbringen? Was bringt das? Zu den einzelnen Argumenten können Bewegungen eingeübt werden - diese können dann z. B. Geheimzeichen derer werden, die wissen, wie genial es ist, mit Gott zusammen zu sein!

Ich lerne Gott/Jesus besser kennen! (mit dem Finger auf sich und „Gott“ zeigen)
Ich bekomme Kraft und Mut für den Tag! (Muskeln am Arm zeigen)
Ich kann Gott sagen, was ich toll an ihm finde - das macht mich froh! (fröhlich pfeifen)
Ich kann Jesus alles sagen, was mir auf dem Herzen liegt! (mit Daumen und Zeigefinger beider Hände ein Herz zeigen oder mit beiden Händen ein großes Herz in die Luft malen)
Ich erfahre mehr darüber, wie mein Leben super gelingt! (Daumen nach oben zeigen)
Ich kann ihn bitten, dass er mir hilft, das zu tun, was er gut findet! (Hände falten, beten)

Merkvers

Der Merkvers wird gemeinsam gelernt. Am besten wird dazu der Text nach Hfa verwendet: Herr, zeige mir deinen Weg, ich will dir treu sein und tun, was du sagst (Psalm 86,11)!

Lied

Ich stehe feste auf dem Fels

Lösungen zum Arbeitsblatt

Alles hat seine Zeit.

Stille Zeit

ZEIT MIT GOTT – WIESO, WESHALB, WARUM?

Hast du schon einmal den Satz gehört „Ich habe keine Zeit!"? Das ist schon irgendwie witzig, denn viele Menschen sagen das, meinen aber etwas ganz anderes damit. Den Satz kann es nämlich gar nicht geben!

Warum? Jeder Mensch, egal ob groß, ob klein, ob prominent oder „ganz normal" – jeder hat gleich viel Zeit! Pro Tag 24 Stunden! Keiner hat mehr, keiner hat weniger Zeit! Immer! Der Satz „Ich hab keine Zeit!" bedeutet dann wohl etwas anderes. Vielleicht: „Dafür will ich mir keine Zeit nehmen." oder „Etwas anderes ist mir wichtiger."!

Für was hast du Zeit? Für was nimmst du dir Zeit oder musst du dir Zeit nehmen? Schreib in diesen Plan, was du in einer normalen Woche alles machst!

Uhrzeit	Montag	Dienstag	Mittwoch	Donnerstag	Freitag	Samstag	Sonntag
0:00							
1:00							
2:00							
3:00							
4:00							
5:00							
6:00							
7:00							
8:00							
9:00							
10:00							
11:00							
12:00							
13:00							
14:00							
15:00							
16:00							
17:00							
18:00							
19:00							
20:00							
21:00							
22:00							
23:00							

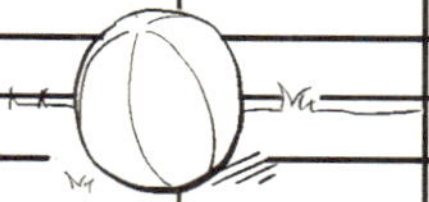

Tipp: Male alle Felder, in denen du schläfst und isst, blau an; alle Felder, in denen du in der Schule bist, grün; und alle Felder, in denen du regelmäßig etwas vorhast (z. B. Jungschar), rot. Dann siehst du ganz schnell, was du eigentlich die ganze Woche machst!

Gott wünscht sich eine Freundschaft mit dir! Er will mit dir zu tun haben und interessiert sich für dich! Um ihn immer besser kennenzulernen, müssen wir uns auch Zeit nehmen.

Gott weiß, dass bei uns jeden Tag sehr viel los ist. Deshalb steht in der Bibel:

_ _ _ _ _ _   _ _ _   _ _ _ _ _ _ _

_ _ _ _ _ ! Prediger 3,1

„Zeit mit Gott verbringen“
nennt man auch

_ _ _ _ _ _ _ _   _ _ _ _ _ _ .

Denn diese zwei Dinge braucht es für eine Begegnung mit Gott im Alltag.

Gottes Stimme ist manchmal sehr leise (1. Könige 19,12). Daher brauchen wir die Stille. Und wir brauchen auch ein paar Augenblicke Zeit mit ihm, um auf ihn zu hören und mit ihm zu reden.

Hast du schon mal Zeit allein mit Gott verbracht? Wie war das? Was hast du erlebt?

Hab den Mut so etwas einfach mal auszuprobieren!
Nimm dir ein paar Minuten am Tag Zeit für Gott, schnapp dir deine Bibel und fang an zu lesen, um Gott kennenzulernen, und zu beten,
um mit Gott zu reden!

MERKVERS

Herr, zeige mir deinen Weg, ich will dir treu sein und tun, was du sagst (Psalm 86,11).

8: ZEIT MIT GOTT VERBRINGEN – ABER WIE?

Text: Markus 9,2-8
Zielgedanke: Die Kinder sollen lernen, wie sie Zeit mit Gott verbringen können.
Merkvers: Sie ließen sich von den Aposteln unterweisen, sie hielten in gegenseitiger Liebe zusammen, sie feierten das Mahl des Herrn, und sie beteten gemeinsam (Apostelgeschichte 2,42).

BAUSTEINE FÜR DIE ANDACHT

Einstieg

Erzähle z. B. von einer Begegnung mit einem Prominenten, die du schon hattest: Wie war das? Was für eine Stimmung war zu spüren, wie ging es dir selbst usw.
Oder lege ein Bild eines beliebten Prominenten in die Mitte, z. B. eines aktuellen Sängers, Sportlers, Filmstars usw. und frage die Kinder, was sie über diese Person wissen.

Frage anschließend: „Wie würde es euch gehen, wenn diese Person jetzt zur Tür hereinkommen würde? Oder was wäre los, wenn diese Person bei dir zuhause in deinem Zimmer auf dich wartet, um dann nur für dich da zu sein?“

Darlegung

Erzähle die Geschichte, wie Jesus vor seinen Freunden auf dem Berg verwandelt wurde. Seine Jünger wussten gar nicht richtig, was auf einmal los war ...

Gespräch

Gott hat sich den Jüngern gezeigt und zu ihnen geredet! Wenn man Gott immer besser kennenlernen möchte, muss man Zeit mit ihm verbringen und auf sein Wort hören.

Wie kann ich meine Zeit mit Gott verbringen, wie kann ich meine Stille Zeit gestalten?
Mit den Kindern werden Ideen gesammelt. Folgende Fragen können dabei helfen:
Wo finde ich Stille?
Wie kann es still in meinem Zimmer werden?
Welchen Lärm / welche Ablenkung muss ich ausschalten?

Wann kann ich mir Zeit nehmen?
Mit was kann ich die Zeit füllen?
Zum Teil kann das eine Wiederholung zur letzten Einheit sein, aber auch ganz neu entstehen. Die Ideen der Kinder werden für alle sichtbar aufgeschrieben.

Anhand des heutigen Bibeltextes können wir wichtige Punkte lernen:

Vertiefung

Bibellesezettel

Er enthält die wichtigsten Schritte zum Bibellesen und soll als Lesezeichen dauerhaft in der eigenen Bibel seine neue Heimat finden. Die einzelnen Schritte werden im Anschluss für die Mitarbeiter noch erläutert.

Der Bibellesezettel wird für jedes Kind ausgedruckt bzw. kopiert. Die Kinder schneiden ihren Zettel aus und kleben ihn auf einen bunten Tonpapierstreifen, der etwas breiter und länger ist. Nun wird am unteren Ende ein Loch gestanzt. Durch dieses Loch werden 5-7 cm lange bunte Fäden gefädelt und zu Zöpfen geflochten.

Weitere Gedanken zu den Schritten:

1. SUCHE ein ungestörtes Plätzchen auf!

Jesus ging mit seinen Jüngern auf einen Berg, weg vom Getriebe des Alltags. Um Zeit mit Gott zu verbringen, brauche ich die nötige Ruhe. Es fällt schwer, sich auf seine Stimme zu konzentrieren, wenn der Fernseher oder die Stereoanlage läuft, die Geschwister um dich herumturnen oder dich sonst etwas ablenkt. Suche dir ein stilles Plätzchen.

MEIN BIBELLESEZETTEL

Bibellesen ...

... ist keine Garantie für einen gelingenden Tag.
... will dich Stück für Stück für Gott verändern!
... vertieft deine Beziehung zu Jesus!
Wenn du mit Gott Zeit verbringst, weißt du, dass er bei dir ist und wie er sich dein Leben vorstellt.

Tipps zum Bibellesen

SUCHE dir einen ruhigen Ort, an dem du möglichst ungestört bist. Nimm dir Zeit!

BETE und sage Gott, was dich freut oder traurig macht. Bitte ihn: *„Hilf mir beim Bibellesen und Hören. Ich möchte verstehen, was ich lese, und auch danach leben. Danke, dass du bei mir bist und redest!“*

LIES den Text, vielleicht auch mehrmals, bis du die Handlung verstanden hast.

DENKE darüber nach: *Was steht im Text? Hast du ihn verstanden? Was steht darin über Gott, über Jesus, über den Heiligen Geist? Was ist dir neu? Was sagt der Text über Personen aus? Was fällt dir auf? Wie verhalten sich die Personen? Was kannst du von ihnen lernen? Wo sind sie Vorbild? Steht im Text eine Verheißung, Warnung oder Anweisung für dich? Welcher Vers oder Gedanke gefällt dir besonders oder spricht dich an? Warum?*
Sagt dir der Text einmal nichts, ist es nicht schlimm. Wichtig: Gott vor Augen und im Sinn!

LIES noch einmal. Dann kannst du z. B. eine Erklärung zum Text lesen.

REDE mit Gott über das Gelesene. Danke ihm und bitte für dich und andere.

HANDLE nach dem, was du gelesen hast. Gott ist bei dir - egal, was dich erwartet!

2. BETE! Jesus war bereit für eine Begegnung mit seinem himmlischen Vater. Sage Gott, dass du dich freust, wenn er jetzt zu dir redet.

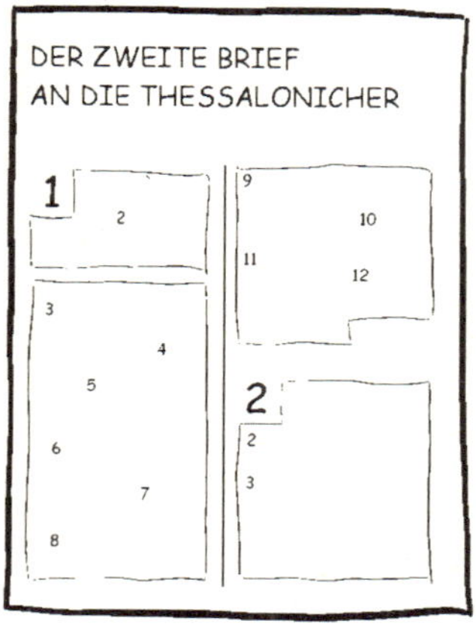

3. LIES in der Bibel! Z. B. den vorgeschlagenen Text in einer Bibellesehilfe wie „Bibel - fertig - los!" vom Deutschen EC-Verband oder „Guter Start" vom Bibellesebund. Wichtig: Erkläre den Kindern, wie die Bibel aufgebaut ist bzw. wie man eine angegebene Bibelstelle findet. Beispiel: Lukas 15,4 bedeutet Lukas = Buch, 15 = Kapitel, 4 = Vers!

4. DENKE über das nach, was du gelesen und somit von Gott gehört hast! Petrus hat sicherlich nicht alles verstanden, was um sie herum geschah. Dennoch wollte er am liebsten die Situation festhalten. In Vers 9-13 lesen wir, wie sich die Jünger über das Erlebte unterhalten und sich fragen, was es bedeutet. Was steht da? Was lerne ich über Gott, Jesus, den Heiligen Geist? Was verspricht mir Gott und wo fordert er mich heraus?

5. LIES anschließend noch eine Erklärung zum Text! Zum Beispiel aus einer Bibellesehilfe. Das kann dir helfen, dass Licht in die Sache kommt. Jesus hat seinen Jüngern ebenfalls Wichtiges erklärt.

6. BETE noch einmal! Sag Jesus, was dich freut, danke ihm für das, was er dir gesagt hat, und bitte ihn um Hilfe und um die nötige Kraft, das zu tun, wodurch dein Leben gut gelingt und was ihm gefällt.

7. HANDLE! Geh wie die Jünger zurück in deinen Alltag. Sie haben den Berg wieder verlassen und sich den nun folgenden Aufgaben gestellt. Tu, was Gott dir in der Bibel gesagt hat!

Tipp: Übe das Bibellesen mit deinen Kindern in der nächsten Jungscharstunde ein! Geh mit ihnen ganz praktisch diese sieben Schritte durch und lies mit ihnen gemeinsam die Bibel. Schenke ihnen zum Beispiel das Heft „Bibel - fertig - los!" vom Deuschen EC-Verband (www.ec-jugend.de/ec-shop) oder ein Probeheft „Guter Start" vom Bibellesebund (zu beziehen z. B. über www.bornverlag.de/zeitschriften).

Spiel: Geheimsprache lernen

Petrus hat nicht ganz verstanden, was auf dem Berg abging. Die Kinder können eine Geheimsprache lernen, damit auch sie nicht immer gleich verstanden werden!
Hier sind drei Möglichkeiten, bei denen jeweils einfach die Silben verändert werden. Wenn

man diese „Sprache“ gut und schnell sprechen kann, kommt ein Fremder nicht wirklich mit und versteht nicht, was man sich zu sagen hat.
Natürlich können die Kinder auch eigene Sprachen erfinden und einüben!

Die „Alewa“-Sprache
Jeder Vokal (a,e,i,o,u,ä,ö,ü, au, ei) wird verdoppelt und dazwischen kommt das Wörtchen „lew“. Also: a = alewa, e = elewe, i = ilewi, au = aulewau usw. Das Ganze klingt dann so:

Bibel	hat	Biss!
Bilewibelewel	halewat	Bilewiss!
Jungschar	ist	spitze!
Julewungschalewar	ilewist	spilewitzelewe!

Die „Aba“-Sprache
Jeder Vokal wird verdoppelt und ein „b“ wird dazwischengesetzt. Also: a = aba, e = ebe, i = ibi, au = aubau usw. Das Ganze klingt dann so:

Bibel	hat	Biss!
Bibibebel	habat	Bibiss!
Jungschar	ist	spitze!
Jubungschabar	ibist	spibitzebe!

Die „Alafa“-Sprache
Jeder Vokal wird dreimal gesprochen, dazwischen kommt zuerst ein „l“, dann ein „f“. Also: a = alafa, e= elefe, i = ilifi, au = aulaufau usw. Das Ganze klingt dann so:

Bibel	hat	Biss!
Bilifibelefel	halafat	Bilifiss!
Jungschar	ist	spitze!
Julufungschalafar	ilifist	spilifitzelefe!

Lösungen zum Arbeitsblatt

Wir haben uns keineswegs auf geschickt **erfundene Märchen** gestützt, als wir euch **ankündigten**, dass **Jesus Christus**, unser Herr, wiederkommen wird, ausgestattet mit **Macht**. Vielmehr haben wir ihn mit eigenen **Augen** in der hohen Würde gesehen, in der er künftig offenbar werden soll. Denn er empfing von **Gott**, seinem **Vater**, **Ehre** und Herrlichkeit - damals, als Gott, der die höchste **Macht** hat, das Wort an ihn ergehen ließ: „Dies ist mein **Sohn**, ihm gilt meine **Liebe**, ihn habe ich erwählt.“ Als wir mit ihm auf dem **heiligen Berg** waren, haben wir diese Stimme vom Himmel gehört.

ZEIT MIT GOTT VERBRINGEN - ABER WIE?

Die Jünger beschreiben es so: (Tipp: Lies Markus 9,3!)

Hat man so etwas schon einmal gesehen? Jesus nimmt seine engsten Freunde mit auf einen Berg und wird vor ihren Augen verwandelt!

Auch wenn wir uns nicht genau vorstellen können, was die Jünger da erlebt und gesehen haben - es muss der Hammer gewesen sein!

Petrus schwärmt noch später in einem seiner Briefe davon.
Lies 2. Petrus 1,16-18 und fülle die fehlenden Wörter aus:

Wir haben uns keineswegs auf geschickt _ _ _ _ _ _ _ _ _ _ _ _   _ _ _ _ _ _ _ _ _ _ gestützt, als wir euch _ _ _ _ _ _ _ _ _ _ _ _ _ _ _, dass _ _ _ _ _ _ _ _ _ _ _ _ _ _ _ _, unser Herr, wiederkommen wird, ausgestattet mit _ _ _ _ _ _. Vielmehr haben wir ihn mit eigenen _ _ _ _ _ _ in der hohen Würde gesehen, in der er künftig offenbar werden soll. Denn er empfing von _ _ _ _ _ , seinem _ _ _ _ _ _ _, _ _ _ _ _ und Herrlichkeit - damals, als Gott, der die höchste _ _ _ _ _ _ hat, das Wort an ihn ergehen ließ: „Dies ist mein _ _ _ _ _ , ihm gilt meine _ _ _ _ _ _ _ , ihn habe ich erwählt." Als wir mit ihm auf dem _ _ _ _ _ _ _ _ _ _ _ _   _ _ _ _ _ _ waren, haben wir diese Stimme vom Himmel gehört.

Die Jünger verbrachten eine besondere Zeit abseits mit Gott. Wenn wir Gott begegnen wollen, brauchen wir auch Zeit und die Bereitschaft, mit ihm zu reden und auf ihn zu hören.

Wie kann ich meine Zeit mit Gott gestalten?
Nimm dein Lesezeichen zu Hilfe und leg es gleich in deine Bibel!

MERKVERS

Sie ließen sich von den Aposteln unterweisen, sie hielten in gegenseitiger Liebe zusammen, sie feierten das Mahl des Herrn, und sie beteten gemeinsam (Apostel-geschichte 2,42).

9: HALTE DICH AN DAS REZEPT!

Text: Psalm 119,9
Zielgedanke: Die Bibel hilft uns, unser Leben nach Gottes Vorstellungen zu führen.
Merkvers: Wie kann ein junger Mensch sein Leben meistern? Indem er tut, was du gesagt hast, Herr (Psalm 119,9).

BAUSTEINE FÜR DIE ANDACHT

Einstieg

Benötiges Material für den Einstieg: Schürze, Plastikschüssel, Kochlöffel, Kochbuch, ein paar typische, aber auch unsinnige Zutaten für den „Teig" (z. B. Sand, feine Steinchen, etwas Mehl usw. - aber denke bitte daran, nicht zu viele Lebensmittel zu verschwenden).

Lies ein Rezept laut vor. Zu Beginn ganz normal, mit der Zeit wirst du aber immer ungeduldiger und leierst den Text total demotiviert runter ... Das Ganze brichst du dann mittendrin ab, legst das Buch weg und kündigst fröhlich an: „Das brauche ich doch gar nicht! Ich bekomme meinen Lieblingskuchen auch allein hin!"
Beginn damit, frohen Mutes und voller Überzeugung eine Zutat nach der anderen in die Schüssel zu werfen. Kräftig rühren, Show machen und schließlich doch sehr misstrauisch in die Schüssel blicken und fragen: „Ob das etwas wird ...?"

Darlegung

Beim Kuchenbacken muss man sich sorgfältig an das Rezept halten. Ansonsten gelingt der Kuchen nicht und schmeckt fürchterlich.
Man wünscht sich genauso, dass das eigene Leben gelingt, dass es „gut schmeckt"! Da ist es doch klasse zu wissen, dass Gott uns ein „Rezept" gegeben hat - nicht für einen Kuchen, sondern für unser Leben! Viele Menschen kümmern sich nicht um das, was Gott sagt, und denken, sie bekommen ihr Leben ganz allein auf die Reihe. Sie denken sich ihr eigenes „Lebensrezept" aus. In der Bibel können wir aber von vielen Menschen lesen, dass dieser Weg in eine Katastrophe führt. Dabei sagt uns Gottes Wort: „Wie kann ein junger Mensch sein Leben meistern? Indem er tut, was du gesagt hast, Herr" (Psalm 119,9).
Von klein auf sollen wir uns mit der Bibel, Gottes Rezept für unser Leben, beschäftigen und von ihr lernen. Sie macht uns fit fürs Leben und hilft uns in guten wie in schlechten Zeiten! Sie zeigt uns, wie unser Leben gelingt und was es braucht, dass es kein solches Chaos gibt wie das in der Schüssel mit den falschen Zutaten!

Gespräch

Gott ist der Erfinder des Lebens! Daher lohnt es sich, auf den Erfinder zu hören, auf das, was er zu unserem Leben sagt! Er versteht unser Leben und weiß, wie es am besten gelingt.
Wenn man selbst etwas Geniales erfindet, kann man auch am besten erklären, wie die Erfindung funktioniert und was man sich dabei gedacht hat.
Mit unserem Leben und der Bibel ist es genauso.

Hast du schon einmal etwas erfunden oder selbst gebastelt? Dann weißt du auch am besten darüber Bescheid und kannst erklären, wie es funktioniert! Manche Menschen sind so gute Köche und Bäcker, dass sie viele Rezepte auswendig wissen. Wenn wir uns viel mit der Bibel beschäftigen, lernen wir „Gottes Rezept“, Gottes Wort immer besser kennen. Das hilft uns, dass unser Leben gelingt, weil wir wissen und verstehen, wie sich Gott unser Leben vorstellt. Das prägt unser Denken und Tun - in jeder Lebenslage, in guten und in schlechten Zeiten.

Die Kinder können erzählen, wie sie sich ihr „Lebensrezept“ vorstellen: welchen Beruf wollen sie einmal haben, wo wollen sie wohnen usw. Haben sie eine Idee, wie sie dies erreichen können? Was könnte eine Basis für ihr Leben sein, woran können sie sich orientieren?

Vertiefung

Als Verdeutlichung der „Darlegung“ kann im Anschluss daran ein wirklicher Kuchen gebacken oder echte Spätzle gekocht werden.

Rezept für Marmorkuchen
Zubereitungszeit: ca. 30 Min.
Zutaten: 200 g weiche Butter, 160 g Zucker, 1 Päckchen Vanillezucker (Bourbon), 1 Messerspitze (geriebene) Zitronenschale, 2 EL Rum, 6 Eigelb, 6 Eiweiß, 1 Messerspitze Salz, 120 g Zucker, 280 g Weizenmehl 405, 1/2 Pck. Backpulver, 100 ml lauwarme Milch, 20 g Kakaopulver (möglichst kein Instant, sondern klassisches dunkles), Puderzucker oder Kakao-Fettglasur

Die weiche Butter mit 160 g Zucker und Vanillezucker sowie etwas Zitronenabrieb und dem Rum cremig rühren. Eier trennen. Die Eidotter einzeln nacheinander in die Butter-Zucker-Masse rühren. Die 6 Eiweiß mit der Messerspitze Salz halbfest schlagen und mit den restlichen 120 g Zucker zu Schnee schlagen. Mehl abwiegen, mit Backpulver mischen. Milch leicht anwärmen. Abwechselnd (etwa in 3 - 4 Schritten) zuerst etwas Mehl auf die Butter-Zucker-Eidotter-Masse sieben (geht gut mit einem großen Haarsieb), dann etwas lauwarme Milch dazugießen und eine Portion Eischnee darauf geben. Mit einem Holzlöffel, der idea-

lerweise in der Mitte ein Loch hat, alles unterheben (wichtig - kein Rührgerät einsetzen). Wenn alles untergehoben und sorgfältig vermischt ist (geht relativ leicht, da der Teig locker bleibt), die Kuchenform gut mit Butter ausstreichen und mit Mehl bestäuben. Gut die Hälfte des Teiges in die Form füllen. Den restlichen Teig mit dem Kakaopulver dunkel färben. Dazu siebt man das Pulver in die verbliebene Teigmasse, um Klümpchen zu verhindern. Den dunklen Teig auf die helle Teigmasse in die Form füllen und mit einer Gabel spiralförmig unterziehen. Beide Teigsorten vermischen sich dadurch zum Marmormuster. Mit einer großen Fleisch- oder Grillgabel, die man leicht schräg hält, geht es besonders leicht und man erzielt dadurch ein perfektes Muster.
Im vorgeheizten Backofen bei 150 - 160 °C Umluft ca. 60 Minuten backen, im Ober-Unterhitze-Ofen 180 °C. Der Kuchen sollte keine zu harte Kruste bekommen und eher heller backen, damit er auf keinen Fall trocken wird. Den Kuchen in der Form leicht auskühlen lassen und dann auf ein Kuchengitter stürzen. Mit Puderzucker bestreuen oder mit einer kakaohaltigen Fettglasur überziehen.

Spätzle-Rezept (Dauer ca. 20 Min.)
Zutaten für 10 Portionen: 5 Eier, 1,25 Teelöffel Salz, 625 g Mehl, 0,31 Liter Wasser

Die Eier mit Salz verquirlen, das gesiebte Mehl unterrühren und nur löffelweise das Wasser zugeben. Kräftig schlagen, bis der Teig blasig ist. Mit einem Spätzlehobel, Spätzlebrett oder einer Kartoffelpresse den Nudelteig in kochendes Salzwasser geben. Die Spätzle gar ziehen lassen, bis sie auf dem Wasser schwimmen, dann in ein Sieb schütten und gut abtropfen lassen.
Tipp: Es kann auch ein bisschen Öl in das Wasser gegeben werden, damit die Spätzle nicht klumpen. Frische Spätzle lassen sich auch einfrieren.

Lösungen zum Arbeitsblatt

... indem er sich an Gottes Wort hält und es befolgt.

Passt euch nicht den **Maßstäben** dieser Welt an. Lasst euch vielmehr **von Gott umwandeln**, damit euer ganzes **Denken** erneuert wird. Dann könnt ihr euch **ein sicheres Urteil** bilden, welches Verhalten dem **Willen Gottes** entspricht, und wisst in jedem **einzelnen Fall**, was **gut** und **gottgefällig** und **vollkommen** ist.

HALTE DICH AN DAS REZEPT!

Wie kann ein junger Mensch in seinem Leben rein von Schuld bleiben? Kreuze an!

O ... indem er immer brav ist.

O ... indem er sich an Gottes Wort hält und es befolgt.

O ... indem er das tut, was er für sich selbst am besten hält.

Wenn man z. B. Spätzle selbst herstellen will und nicht weiß, wie das geht, dann braucht man ein Rezept oder ein Kochbuch, um zu erfahren, was man dazu braucht und was zu tun ist.

Die Bibel ist wie ein „Kochbuch für unser Leben“ - es beinhaltet viele „Rezepte“, also gute Ideen und Anweisungen, wie wir unser Leben „gebacken“ bekommen, d.h. wie es gut gelingt.

Daher ist es eine gute und sehr wichtige Sache, immer mehr aus diesem „Kochbuch fürs Leben“ zu wissen und auch auswendig zu können. Dadurch wird sich unser Denken verändern, Gottes Gedanken werden uns immer mehr prägen, mitten im Alltag und ganz selbstverständlich. Das Leben wird trotzdem nicht immer nur gut verlaufen, es wird trotzdem Schwierigkeiten geben - aber wir wissen dann, wie wir damit umgehen und die Situation meistern können.

Paulus schreibt in Römer 12,2:

A=α B=β CH=χ D=δ E=ε F/V=φ G=γ I=ι K=κ L=λ M=μ N=ν O=ο R=ρ S=σ T=τ U=υ W=ω Z=ζ

Passt euch nicht den μασσσταεβεν dieser Welt an. Lasst euch vielmehr φον γοττ υμωανδελν , damit euer ganzes δενκεν erneuert wird. Dann könnt ihr euch ειν σιχερεσ υρτειλ bilden, welches Verhalten dem ωιλλεν γοττεσ entspricht, und wisst in jedem εινζελνεν φαλλ , was γυτ und γοττγεφαελλιγ und φολλκομμεν ist.

Lies jeden Tag ein Stückchen von Gottes genialen Anweisungen für dein Leben und wie wir harmonisch und gut miteinander leben können! Schau regelmäßig in das Buch der Bücher und staune über das, was Gott über dich denkt und was er mit dir vorhat!

MERKVERS

Wie kann ein junger Mensch sein Leben meistern?
Indem er tut, was du gesagt hast, Herr (Psalm 119,9).

10: SEI SELBST EIN BRIEF VON JESUS!

Text: 2. Korinther 3,1-3 (Apostelgeschichte 6,1-6)
Zielgedanke: Auch in meinem Leben soll Gottes Handschrift erkennbar sein! Durch mich will Gott in diese Welt und zu anderen Menschen reden!
Merkvers: „Für alle ist sichtbar: Ihr seid ein Brief von Christus, ausgefertigt und überbracht durch meinen Dienst als Apostel.“ 2. Korinther 3,3 (GNB)

BAUSTEINE FÜR DIE ANDACHT

Einstieg

Folgendes Zitat groß auf ein Papier schreiben: „Wenn Menschen Jesus nicht in der Bibel finden, ist es nicht deine Schuld. Wenn sie ihn aber nicht in deinem Leben finden, ist es deine Schuld.“ (Friedrich von Bodelschwingh)

Das ist ein steiler Satz, den Friedrich von Bodelschwingh einmal gesagt hat! Mit den Kindern austauschen, was sie darüber denken, was sie verstehen. Was will Friedrich von Bodelschwingh damit aussagen?

Darlegung

Friedrich von Bodelschwingh kümmerte sich um viele Arme und Kranke. Ursprünglich wollte er in ferne Länder auswandern, um dort den Menschen zu helfen. Er kam aber nur bis Paris und landete kurze Zeit später wieder in Deutschland. Er ist ein tolles Beispiel dafür, dass unser Glaube auch Auswirkungen im ganz normalen Leben zu Hause haben muss (Jakobus 2,17.26).

Jesus kam auf unsere Erde, um uns den Weg zum Vater frei zu machen (Johannes 14,6). Aber er predigte nicht nur, sondern half auch Armen, heilte Kranke und hatte ein offenes Ohr für die Verstoßenen. Beides gehört zusammen: Glaube an Gott und die sichtbare Auswirkung in unserem Leben! Das Predigen von Gottes Wort und die tätige (Nächsten-)Liebe!

Beispiel aus Apostelgeschichte 6: Die Apostel merkten, dass sie aufgrund ihres Einsatzes für andere das Predigen vernachlässigten. Beides gehört zusammen: predigen und praktisch helfen! Aber sie wählten sieben engagierte Christen aus, die bereit waren, sich als „Brief

Christi“ für andere einzusetzen. Glaube muss sichtbar werden - und diese Männer halfen Menschen, die auf Hilfe angewiesen waren. So konnten die Apostel sich wieder verstärkt darauf konzentrieren, anderen die gute Nachricht von Jesus Christus weiterzuerzählen.

Gespräch

Gott hat uns nicht nur ein tolles, spannendes und schön zu lesendes Buch geschenkt, sondern er wünscht sich auch, dass unser Glaube Hände und Füße bekommt: „Dein Leben redet lauter als die Worte, die du sagst!“ Wir selbst sind auch ein Brief von Jesus an Menschen, die er lieb hat, die ihn aber vielleicht noch nicht kennen! Er will, dass andere an unserem Leben seine Liebe lesen und somit entdecken können!

Lest gemeinsam Matthäus 5,14-16! Jesus sagt: „Du leuchtest in dieser dunklen Welt! Du bist (!) ein Licht! Man wird dich sehen und wahrnehmen!“ - und: „Du BIST - ob du willst oder nicht - immer (!) mein Zeuge, d.h. ein Hinweis auf mich (Apostelgeschichte 1,8)! Mein Botschafter (2. Korinther 5,20)!“ Tag und Nacht! In der Schule und in den Ferien! Rund um die Uhr an 365 Tagen im Jahr!

Vertiefung

Mit den Kindern kann man darüber sprechen, wie sich die Liebe Gottes durch sie selbst ausdrücken kann, zum Beispiel durch Hilfsbereitschaft (für einen älteren Menschen im Bus aufstehen usw.), durch Ehrlichkeit, durch Respekt (gegenüber Eltern, Fremden uws.).

Toll ist, wenn heute oder an einem besonderen Tag, vielleicht sogar regelmäßig, eine konkrete Aktion folgt: Es kann konkret überlegt werden, was die Kinder in ihrem jeweiligen Umfeld tun können.
Wir können als Gruppe aktiv werden und verschenken Gottes Liebe an andere, z. B. besuchen wir ältere Menschen, nach denen kaum noch jemand schaut oder die krank zuhause liegen müssen. *Tipp:* Meldet euch vorher kurz an, singt ihnen z. B. ein Lied und bringt ihnen noch eine Postkarte mit einem Bibelvers. Ihr könnt auch vorher in der Jungschar ein paar Muffins backen und diese dann weitergeben.
Oder wir schreiben (als Gruppe oder jeder Einzelne) einen Brief an eine Person, die damit nicht rechnet, z. B. dem Bürgermeister, einem Lehrer, einem Verwandten usw. Das kann ein Gruß, ein aufmunterndes Wort, ein Bibelvers sein, der Gottes Liebe ausdrückt.

Wir wollen andere positiv überraschen und ihnen dadurch sagen, dass Gott sie lieb hat. Seid kreativ und überlegt euch, was für euch passend und gut ist!

Lösungen zum Arbeitsblatt

Ein Christ liebt Gott von ganzem Herzen! (Matthäus 22,37-40)
Ein Christ liebt seinen Mitmenschen wie sich selbst und setzt sich für ihn ein! (Galater 5,14)
Ein Christ redet mit Gott und hört auf ihn (Gebet und Bibel lesen)! (Jeremia 29,13-14)
Ein Christ gibt fröhlich anderen! (2. Korinther 9,7)
Ein Christ richtet sein Leben nach Gottes Maßstab und lebt nach seinem Willen! (Römer 12,1-2)

Friedrich von Bodelschwingh: Wenn wir an Gott glauben und mit ihm leben, dann hat das sichtbare Auswirkungen in unserem Leben - andere Menschen sehen an uns, wie Gott uns verändert und wir auf einmal anders leben - dass wir so leben, wie Gott will (Lukas 19,8; Lukas 21,1-4; Apostelgeschichte 16,14.34).

Nein, Jesus hat etwas anderes gesagt! Lies den richtigen Text in der Bibel nach!

SEI SELBST EIN BRIEF VON JESUS!

Ein Fußballer spielt Fußball, ein Popstar singt Lieder, ein Automechaniker repariert Autos - und was macht ein Christ?

Ein Christ ...

... ______________________________

... ______________________________

... ______________________________

... ______________________________

... ______________________________

„Wenn Menschen Jesus nicht in der Bibel finden, ist es nicht deine Schuld. Wenn sie ihn aber nicht in deinem Leben finden, ist es deine Schuld.“ (Friedrich von Bodelschwingh)

ÜBERLEG MAL!

Das ist ein steiler Satz, den Friedrich von Bodelschwingh gesagt hat!
Was denkst du darüber? Was will er damit aussagen? Was soll das bedeuten?

____

____

____

Die Apostel haben das damals schon gemerkt und gewusst: „Hey, wir dürfen nicht nur fromm und gut daherreden - wir sind auch gefordert, aktiv zu helfen, da, wo Menschen Hilfe brauchen.“ Sie ermutigten mehrere Personen, dass sie sich für andere einsetzten. So wird Gottes Liebe sichtbar! Nichts anderes tat Friedrich von Bodelschwingh: Er setzte sich für kranke Menschen ein, eröffnete Heil- und Pflegeanstalten usw. Noch bis heute sind die Auswirkungen seiner Arbeit sichtbar!

Überprüfe in Matthäus 5,14-16, ob Jesus das Folgende gesagt hat!
Jesus sagte einmal: „Ihr seid wie Glühwürmchen, die in dieser Welt kaum wahrgenommen werden. Eine Stadt, die tief im Wald liegt, kann auch keiner sehen. Man zündet auch nur ungern eine Kerze an - es

könnte ja dadurch hell werden. Am besten lässt man das Licht gleich aus, damit es im Haus schön dunkel bleibt. Genauso sollt ihr euch vor den anderen Menschen verstecken und möglichst nicht auffallen. Sie werden euch nicht wahrnehmen und gar nicht merken, dass ihr einen liebenden Vater im Himmel habt."

Wir sollen Gottes Liebe an andere weitergeben. Und wenn wir verstanden haben, wie sehr uns der Vater im Himmel mit seinem Sohn Jesus Christus beschenkt hat (Römer 8,32), dann sind wir reiche Menschen und können auch viel weitergeben (Lukas 6,38 und Lukas 21,1-4)!

Wenn du an Jesus glaubst, dann bist du auch ein „Stückchen Bibel"! Du bist jemand, der die gute Botschaft von Jesus selbst gehört und verstanden hat. Jetzt kannst du diese geniale Nachricht an andere weitergeben - auf ganz vielfältige Art und Weise!

Welche Möglichkeiten gibt es, Gottes Liebe und Gottes gute Nachricht anderen weiterzusagen?

O Erzählen	O Basteln
O Schreiben	O Lächeln
O Helfen	O Grüßen
O Besuchen	O ______________
O Zuhören	O ______________
O Beten	O ______________
O Singen	O ______________

MERKVERS

Für alle ist sichtbar: Ihr seid ein Brief von Christus,
ausgefertigt und überbracht durch meinen Dienst als Apostel.
2. Korinther 3,3

WEITERE IDEEN ZU NOCH MEHR ANDACHTEN

Es gibt noch viele Texte, die zum Thema Bibel in einer Andacht verwendet werden können. Hier einige Inputs, wie man eine Andacht zusammenstellt und welche Themen umsetzbar sind:

VORBEREITUNG EINER ANDACHT

1. Der Text an sich! Was steht da?

a) Erste Eindrücke und meine Fragen kurz festhalten!

b) Bete um Verständnis, erfasse den Textzusammenhang:

Was geschieht davor, was danach?

Welche heilsgeschichtliche Zeit haben wir?

(Zur Zeit des Alten Testamentes? Zur Zeit Jesu? Vor Ostern? Nach Pfingsten?)

c) Textuntersuchung: Der POZEK-Schlüssel!

Personen: Herkunft, Charakter, Beruf, Familie ...

Ort: Landkarte, Lage, Berg, See, Stadt, Dorf ...

Zeit: Jahres- und Tageszeit, Sitten und Gebräuche

Ereignisse: Alle Handlungen und Ereignisse auflisten!

Kern: Einen knackigen Kernsatz finden und formulieren (siehe Seite 68)

2. Der Text für mich! Was sagt Gott mir?

Was habe ich herausgefunden? Was spricht mich jetzt persönlich an?

3. Der Text für dich! Was gebe ich weiter?

Kernsatz finden und formulieren! (siehe Seite 68)

4. Stundenziele festlegen

Kopf: Was sollen die Kinder wissen?

Herz: Was sollen die Kinder erfahren/erleben?

Hand: Was sollen die Kinder jetzt ganz praktisch tun oder ändern?

5. Ideen fürs anschließende Programm sammeln!

Welche Worte/Ereignisse des Textes kann ich spielerisch, kreativ, sportlich, ... aufgreifen und ins Programm mit einbinden? Dadurch kann ich Aspekte der Andacht noch mal wiederholen und vertiefen! Tipp: Achte vor allem auf Verben und Gegenstände!

6. Ablauf der Andacht aufschreiben

Einstieg (1-3 Min.) - witzig, ansprechend, abwechslungsreich!
z. B. Frage, Anspiel, Bild, Lied, Text, Spiel, Experiment ...
Ziel: Anknüpfungspunkt bei den Kindern finden / Kernsatz kreativ ins Spiel bringen / eine Frage provozieren!
Darlegung/Ereignisse (7-9 Min.) - gemeinsam den Bibeltext lesen
Ziel: Die Botschaft des Textes darlegen / nur erklären, was wirklich zum Verständnis nötig ist!
Gespräch (2-4 Min.)
Ziel: Die Botschaft des Textes ins Gespräch bringen! Vertiefung! Merkvers lernen
Zuspruch/Anspruch (1 Min.) - alles Bisherige bündeln
Gottes Zuspruch/Anspruch auf den Punkt gebracht!

7. Kontrollfragen

Bete! Danke Gott!
Alles drin? Inhaltlich korrekt? Verständliche Beispiele? Klar, was die Kinder tun sollen?

DEN KERNSATZ FINDEN UND GUT EINBAUEN!

Fünf Kategorien von Kernsätzen:
- Eine Lehre, die es zu glauben gilt!
- Eine Warnung, die es zu beachten gilt!
- Ein Beispiel, dem es zu folgen gilt!
- Eine Verheißung, die es zu beanspruchen gilt!
- Ein Gebot, dem es zu gehorchen gilt!

Diese 5 Kategorien nach Möglichkeit jede Woche abwechseln

Den Kernsatz ganz oft (4- bis 5-mal) in die Andacht einbauen!

Beispiel Darlegung der Geschichte:
Person A ruft aus der Menge. Er schreit ... *
Jesus reagiert auf ihn.
Person A sagt ... *
Jesus antwortet ... *
Person B und C handeln.
Jesus fragt ...
Alle sind verblüfft. *
Jesus lehrt.
Person A ist gesund!
Alle loben Gott ... * usw.
* = der Kernsatz (besteht aus 3-5 Wörtern, 1 Satz, 1 Verb, z. B. „Gott hört dein Gebet!“)

Spannungsbogen aufbauen

Vom Einstieg bis zum Spannungshöhepunkt immer wieder den Kernsatz einwerfen und zum Schluss hin auch noch einmal sagen.

„ICH HABE WAS ZU SAGEN!“ (1. Thessalonicher 2,4)

1. Schaffe gute Rahmenbedingungen

Stelle einen Halb- oder Dreiviertelstuhlkreis, dass Kinder auf eine neutrale Wand schauen können. Stelle dich selbst an diese Wand mit Blick zum Fenster (stehen = Bewegungsfreiheit). Sorge für frische Luft, angenehme Temperatur, Licht.

2. „Schau dem Volk aufs Maul! (Luther)

Keine Fremdwörter oder Oberbegriffe: statt „Volk“ besser „Männer und Frauen“, Wichtiges wiederholen, Fragen verwenden ...

Flexible Wortwahl: statt „sagen“ besser „rufen, schelten, meinen, drohen...“, keine Füllwörter wie „quasi“, „äh“, „okay“...

Variiere die Geschwindigkeit: bei frohen Ereignissen schneller reden, bei traurigen langsamer ... und wechsle den Tonfall / die Stimme: spannend erzählen, Pausen!

3. Rede „ohne zu reden!“ (Wir kommunizieren zu 80% nonverbal)

Erzähle im Stehen, gebrauche Gesicht und Hände (Gestik, Mimik), halte Blickkontakt zu allen Kindern, übe frei zu erzählen!

4. Benutze visuelle Hilfsmittel!

Gegenstände mibringen, Bilder einsetzen/zeichnen; male Bilder vor Augen, die sich die Kinder vorstellen können; achte auf Details und sprich viele Sinne an!

5. Lass Kinder mitwirken!

Beziehe die Kinder mit ein durch Fragen, kleine Aktivitäten, direkt ansprechen, etwas nachspielen ...

Bleibe ständig ein Lernender!

INPUT 1: ESRA UND NEHEMIA LESEN ANDEREN DIE BIBEL VOR!

Text: Nehemia 8-10, **Merkvers:** Micha 6,8

Gedanken und Ideen

- Alle, soweit sie es verstehen konnten (also größere Kinder), verpflichten sich dazu, nach dem Gesetz zu leben (Nehemia 10,29).
- Esra liest drei Stunden die Bibel vor (Nehemia 9,3).
- Der Glaube kommt aus dem Hören des Wortes Gottes (Römer 10,17).
- Josua 1,8: „Lass das Buch dieses Gesetzes nicht von deinem Munde kommen, sondern betrachte es Tag und Nacht, dass du hältst und tust in allen Dingen nach dem, was darin geschrieben steht. Dann wird es dir auf deinen Wegen gelingen und du wirst es recht ausrichten!"
- Nehemia 8,5: „Esra tat das Buch auf vor aller Augen, denn er überragte alles Volk; und als er's auftat, stand alles Volk auf!"

Ziel: Ich bin einverstanden mit Gottes Worten / seiner Sache und will danach leben!

INPUT 2: DER REICHE JÜNGLING BEFOLGT SCHON ALS KIND DIE BIBEL

Text: Markus 10,17-27

Gedanken und Ideen

- Der Kirchenvater Augustinus sagte einmal: „Ich möchte lieber alles verlieren und dich finden, Gott, als alles gewinnen und dich verlieren."
- Der Ecuador-Missionar Jim Elliot sagte einmal: „Der ist kein Narr, der hingibt, was er nicht behalten kann, um zu gewinnen, was er nicht verlieren kann."
- Auch anständige Menschen wie der reiche junge Mann brauchen Jesus.
- Schön, dass er entdeckt hat, dass Gottes geniale Anweisungen zum harmonischen Leben der Hit sind - er hält sich daran (wie Paulus, siehe Philipper 3,6).
- Aber nur anständig zu sein und ethisch korrekt zu leben bringt mich nicht in den Himmel (so anständig kann ich auch gar nicht sein) - denn: Das Fundament ist faul!
- Unterscheidung zwischen „Sünden" (konkrete Sünden/Verfehlungen, die ich vor Gott begangen habe (z. B. Römer 1,1 - 5,11) und für die ich Vergebung brauche: 1. Johannes 1,9) und „Sünde" (Sünde als ein in mir wohnendes Prinzip / ein Zustand (z. B. Römer 5,12 - 8,39), für den ich Erlösung/Befreiung brauche: Matthäus 20.28)!

- Der Nachwuchsbörsenbroker will nicht nach dem ersten Gebot leben - sondern nur fromm sein, er will „nur" ein christliches Leben haben - aber nicht Christus!

Ziel: Nicht „christlich zu leben" ist gefragt, sondern „mit Christus zu leben"! Gott spielt in meinem Leben keine Rolle - er ist mein Regisseur! Gott spielt in meinem Leben nicht die erste Geige - er ist der Dirigent!

INPUT 3: AUSDAUER, LANGER ATEM UND DRANBLEIBEN!

Text: Philipper 3,12-16

Gedanken und Ideen
- „Wenn du lange genug dein Ohr an Gottes Wort hast, kannst du sein Herz schlagen hören." (Kyrilla Spiecker)
- Jeremia: Dranbleiben, auch wenn man nichts sieht ...
- Frucht (Galater 5,22) wächst nur langsam und nur Gott kann sie schenken (1. Korinther 3,7-8), Wachstum braucht Zeit - wir wollen alles sofort ohne Wartezeit ...

Ziel: Dranbleiben ist wichtig, kein 100-m-Sprint, sondern ein Dauerlauf - Beispiel: Paulus hält durch (Philipper 3,12; 2. Korinther 11,23-29)!

INPUT 4: DIE BIBEL IST SÜß WIE HONIG

Text: Hesekiel 3,3

Gedanken und Ideen
- Ein Rabbi (jüdischer Lehrer) brachte seinen Schülern das Lesen und Schreiben bei. Zu Beginn der Unterrichtszeit schmierte er Honig auf die Schiefertafeln seiner Schüler, um deutlich zu machen, dass Gottes Wort süß wie Honig ist. Honig war eine der köstlichsten Süßigkeiten und ein Symbol für Überfluss/Reichtum und Gottes Gnade/Großzügigkeit!
- Lernen, dass es nichts Besseres gibt (Psalm 1).

INPUT 5: „WAS STEHT DA? WIE LIEST DU? WIE VERSTEHST DU DAS PERSÖNLICH?"

Text: Lukas 10,25-37 - der barmherzige Samariter

Gedanken und Ideen
- Bibel richtig lesen, auch wenn der Text schon bekannt ist ...
- „Was steht geschrieben?“ = theoretisches Lesen der Bibel (Kopf)
- „Wie liest du?“ = persönliches Lesen der Bibel (Herz)
- „Tu dies und du wirst leben!“ = Was mache ich daraus (Hand)?

INPUT 6: DURCHBLICK GESUCHT

Text: Psalm 19,9b

Gedanken und Ideen
- Die Kinder müssen mit einer Augenbinde, die ihre Sehfähigkeit erheblich einschränkt, einen Faden durchs Nadelöhr fädeln.
- Manchmal fehlt auch uns im Leben der richtige Durchblick. Das, was in der Bibel steht, hilft uns zu erkennen, was gut für uns ist (Psalm 19,9b).
- Material: Augenbinden, Faden, Nadeln
- 4 Kinder stellen sich nebeneinander auf. Jedes Kind erhält eine Nähnadel und Nähgarn. Den Kinder werden mit Augenbinden die Augen so verbunden, dass ein Auge frei bleibt. Die Kindern versuchen den Faden durchs Nadelöhr zu fädeln. Nach 30 Sekunden dürfen sie es ohne Augenbinde versuchen. Anschließend sind 4 andere Kinder an der Reihe.

Was haben die Kinder erlebt? Wie ging das Fädeln leichter?

INPUT 7: DER AUFBAU DER BIBEL

Jeder Sportler benutzt sein Sportgerät erst, nachdem er es ausgepackt und die Gebrauchsanweisung gelesen hat. Auch der Bibeltext muss ausgepackt werden. In jeder Bibel gibt es Seiten, die keinen Bibeltext enthalten, zum Beispiel Landkarten, Erklärungen zum Gebrauch, Inhaltsverzeichnis und vieles mehr. Manches steht vor und manches nach dem Bibeltext.

Idee zur Umsetzung in der Jungscharstunde: Alle blättern die Bibel von vorn Seite für Seite auf bis zum 1. Buch Mose. Der Mitarbeiter erklärt, was auf den Seiten zu sehen ist (zum Beispiel Karten, das Inhaltsverzeichnis, Abkürzungen usw.). Beim Bibeltext angekommen, nennen die Kinder die fett gedruckte Zahl und den Namen des Buches.

INPUT 8: BEDEUTUNG DER BIBEL

Die Kinder werden in Gruppen eingeteilt. Jede Gruppe erhält eine Taschenlampe. Der Mitarbeiter verdunkelt den Raum und bittet die Kinder Psalm 119,105 aufzuschlagen und laut vorzulesen. Wenn alle die Bibelstelle gelesen haben, suchen die Kinder im Raum versteckte Goldtaler. Danach wird wieder das Licht angemacht.

Was bedeutet es, wenn die Bibel mit einer Lampe verglichen wird? Mögliche Antworten:

- Licht macht etwas sichtbar und gibt den Durchblick. Licht zeigt, wo es langgeht. Die Bibel zeigt für mein Leben, was gut und wichtig ist.
- Licht wirkt nur, wenn man es gebraucht. Genauso ist es mit der Bibel. Sie hilft mir nur, wenn ich sie gebrauche. Deshalb ist es wichtig, in der Bibel zu lesen.

Input 9: Meine Lieblingsgeschichte

Einige Kinder erzählen, welche biblische Geschichte ihnen am besten gefällt. Vielleicht kennen einige Kinder auch einen Bibelvers, der ihnen besonders gut gefällt.

Input 10: In der Bibel entdeckt

Ein Mitarbeiter bringt eine selbst gestaltete Bibel mit, in der allerlei versteckt ist. Die Bilder und Gegenstände, die sich in der Bibel finden, können als Dekoration an die Wand gehängt oder auf den Tisch gestellt werden. Anhand der gefundenen Dinge werden den Kindern Eigenschaften der Bibel erklärt.

Lied

Ich bin ein Bibelentdecker

Briefumschlag

Wer bekommt nicht gern Post? Da freut sich doch jeder! Die Bibel enthält persönliche Briefe. Eigentlich waren sie für andere Leute bestimmt. Normalerweise soll man die Post anderer Leute nicht lesen. Aber die Briefe in der Bibel dürfen von allen gelesen werden. Sie sind nicht nur interessant, sondern auch wichtig. (1. Johannes 2,12)

Bild von einem Mörder

Die Bibel berichtet von Mördern und Totschlägern. Sie enthält die spannendsten Krimis. (1. Mose 4,8)

Bild von einem Verletzten

In der Bibel kommen Menschen vor, die verletzt worden sind. Manche wurden äußerlich verletzt. Andere bekamen durch gemeine Worte oder schlimme Ereignisse unsichtbare Wunden. (Hesekiel 34,16)

Verbandszeug und Salbe
Die Bibel zeigt uns, dass Gott verletzten Menschen gern helfen möchte. Er möchte sie heil und gesund machen. In der Bibel steht, wie Gott sich das vorstellt. (Jeremia 33,6)

Powerriegel oder Power-Getränk
Manchmal fühlen wir uns saft- und kraftlos: vor einer Klassenarbeit oder wenn wir die Hausaufgaben machen sollen, die wir nicht verstanden haben, wenn es Streit gibt ... Die Bibel zeigt, woher wir neue Kräfte bekommen können. (Jesaja 40,29-31)

Fernglas
Die Bibel lässt uns einen Blick in die Zukunft werfen. Sie zeigt zwar nicht, was ich zu Weihnachten bekommen werde. Aber sie zeigt, was Gott mit der Welt und mit uns Menschen vorhat. Sie gibt wichtige Informationen, die keiner verpassen sollte. (Lukas 21,9)

Handbuch für PC-Spiele
Bei einigen Computerspielen kann man einfach so drauflosspielen. Aber für manche Spiele braucht man ein Handbuch, sonst kommt man nicht zum vollen Spielgenuss. Die Bibel enthält praktische Tipps und wichtige Regeln, damit unser Leben gelingt. (Sprüche 17,9)

Bild vom Krieg
Die Bibel enthält spannende und brutale Berichte über Kriege, Siege und Niederlagen. (1. Samuel 17; 2. Könige 6,8)

Bild von einem Fest
Die Menschen, von denen die Bibel berichtet, konnten feiern. (Nehemia 8,10)

Geschichtsbuch
Ein großer Teil der Bibel ist ein Geschichtsbuch. Darin stehen die Ereignisse, die wirklich passiert sind. (Ester 1,1)

Taschentuch
In der Bibel steht vieles, was uns Mut macht und uns tröstet. (2. Korinther 1,4)

Spiegel
In einem Spiegel kann ich genau sehen, wie ich aussehe. Wer in der Bibel liest, entdeckt eine Menge über sich selbst. Die Bibel zeigt mir, wie ich bin. (Jakobus 3,2)

Herz
Die Bibel zeigt uns, wie sehr Gott uns liebt. (Daniel 10,19)

TEIL B
SPIELE RUND UM DIE BIBEL

SPIEL 1: „BIBEL HOCH"

Ziel des Spiels	Bibelstellen aufschlagen lernen, sich in der Bibel zurechtfinden
Gruppengröße	ab 3 Kindern
Dauer	5 - 20 Min.
Material	Jedes Kind braucht eine Bibel
Spielbeschreibung	Alle Kinder halten ihre Bibel am Buchrücken hoch. Der Mitarbeiter ruft eine Bibelstelle. Alle wiederholen die Stelle zweimal. Dann versuchen alle, die Stelle möglichst schnell zu finden. Wer sie zuerst hat, steht schnell auf, liest sie laut vor und bekommt einen Punkt.

SPIEL 2: BIBELFUßBALL

Ziel des Spiels	Bibelstellen aufschlagen lernen, sich in der Bibel zurechtfinden
Gruppengröße	6 – 25 Kinder
Dauer	5 – 20 Min.
Material	Jede Person braucht 1 Bibel; 1 Ball
Spielbeschreibung	Dieses Spiel funktioniert wie der Klassiker „Bibel hoch". Bibelfußball ist eine Variante, bei der zwei Mannschaften gegeneinander spielen.

Jede Mannschaft hat 1 Torwart, 1 bis 2 Stümer, 2 bis 3 Mittelfeldspieler, 1 bis 2 Abwehrspieler. Alle sitzen sich in Stuhlreihen gegenüber (siehe Abbildung).

Tipp zur Anordnung der Kinder: Wenn im Mittelfeld mehrere Kinder Platz finden, kann man hier gut Kinder integrieren, die sich mit der Bibel oder dem Lesen nicht so gut zurechtfinden.

Große Gruppe:

Torwart	Sturm	Abwehr	Mittelfeld	Mittelfeld	Abwehr	Sturm	Torwart
	Sturm	Abwehr	Mittelfeld	Mittelfeld	Abwehr	Sturm	
		Abwehr	Mittelfeld	Mittelfeld	Abwehr		
			Mittelfeld	Mittelfeld			

Mittlere Gruppe:

Torwart	Sturm	Mittelfeld	Mittelfeld	Sturm	Torwart
	Sturm	Mittelfeld	Mittelfeld	Sturm	
		Mittelfeld	Mittelfeld		

Kleine Gruppe:

Torwart	Sturm	Mittelfeld	Mittelfeld	Sturm	Torwart

Das Spiel beginnt in der Mitte: Der Fußball liegt immer zwischen den beiden Reihen, die gegeneinander antreten.

Beispiel: Alle Mittelfeldspieler halten ihre Bibel hoch, eine Bibelstelle wird gesagt. Wenn z. B. blau die erste Runde gewinnt, kommt der Ball eine Reihe weiter in Richtung rotes Tor, in der zweiten Runde spielen dann also blaues Mittelfeld gegen rote Abwehr, gewinnt blau wieder, spielt rote Abwehr gegen blauen Sturm, beim wiederholten Sieg blauer Sturm gegen roten Torwart (wenn rot gewinnt, geht es natürlich in die andere Richtung, also rote Abwehr wieder gegen blaues Mittelfeld): Wenn blau jetzt gegen den Torwart gewinnt, haben sie ein Tor geschossen. Es geht wieder vom Mittelfeld aus neu los.

Variante: Man kann das Ganze etwas beschleunigen, wenn der Ball nicht in jeder einzelnen Reihe gespielt wird, sondern immer ein festes „Paar" gegeneinander antritt (immer die beiden Mittelfeld-Teams, immer die Stürmer gegen Torwart, und nicht Mittelfeld gegen Mittelfeld, Mittelfeld gegen Abwehr, Abwehr gegen Sturm, Sturm gegen Torwart ...).

Beispiel, wenn es z. B. wie im zweiten und dritten Bild nur drei Reihen pro Mannschaft gibt: Im Mittelfeld wird „gespielt" und blau gewinnt: dann spielt gleich der blaue Sturm gegen den Torwart, gewinnt blau wieder, steht es 1:0 für blau.

Weitere Variante: Alle Spieler spielen gleichzeitig mit. Die Mannschaft, die schneller ist, gewinnt (egal, wer von der Mannschaft die Stelle am schnellsten aufgeschlagen hat) - das Mittelfeld des Verlierers ist nun ausgeschaltet und darf bei der nächsten Bibelstelle nicht mitspielen. Verliert die Mannschaft wieder, ist auch die Abwehr ausgeschaltet, nur noch der Torwart darf mitmachen. Sobald aber die andere Mannschaft verliert, geht der Ball wieder in die andere Richtung zurück und die Spieler, die pausiert haben, sind wieder mit am Start.

SPIEL 3: RECHNEN MIT DER BIBEL

Ziel des Spiels	mit den Zahlen der Bibel rechnen
Gruppengröße	2 - 20 Kinder
Dauer	5 - 10 Min.
Material	Bibel, Stifte, Aufgabenblatt (oder Aufgaben diktieren)
Spielbeschreibung	Jede Gruppe bekommt eine oder mehrere Rechenaufgaben und versucht diese zu lösen.

Aufgabenbeispiele:

Aufgabe 1: Anzahl der Briefe des Johannes + Anzahl der Bücher Samuels : Anzahl der Bücher Mose + Gesamtzahl der Bücher des NT - Anzahl der Briefe an die Thessalonicher + Anzahl der Psalmen = ???
Lösung Aufgabe 1: 3 + 2 : 5 + 27 - 2 + 150 = 176

Aufgabe 2: Anzahl der Verse in Hebräer 11 : Anzahl der Kapitel 2. Timotheusbrief + Anzahl der Verse von Lukas 2 - Anzahl der Kapitel in der Apostelgeschichte + Anzahl der Kapitel des Galaterbriefes = ???
Lösung Aufgabe 2: 40 : 4 + 52 - 28 + 6 = 40

SPIEL 4: VERSCHIEDENE BUCHSTABEN- UND WORTSPIELE

Ziel der Spiele	Aufbau der Bibel kennenlernen, auch Bibelverse oder einzelne Begriffe herausfinden
Gruppengröße	beliebig
Dauer	5 - 15 Min.
Material	Bibel, Stifte, Aufgabe auf Papier oder auf eine Tafel schreiben
Spielbeschreibung	Jede Gruppe oder jeder Einzelne bearbeitet die verschiedenen Aufgaben. So ein Rätsel ist auch gut als Einstieg vor einer Andacht geeignet.

Hier sind ein paar Beispiele, damit die Idee des Rätsels passend auf die eigene Geschichte / Bibelvers / Person / Buch usw. übertragen werden kann:

A. Silbenrätsel

Beispiel: Wie heißen diese Schreiber einiger Bücher des Neuen Testaments?

Jo - kas- lus - bus - das - han - ko - Pau - nes - Ja - Ju - Lu

Oder: Wie heißen diese Bücher des Alten Testaments?

Neh - men - sa - Es - ia - al - ja - em - ob - Ps - ter - Hi - Je

B. Büchergewirr

Jeweils zwei Bücher verstecken sich hinter den zusammengesetzten Wörtern:

Apostelbarung: ____________________

Ephtus: ____________________

Galipper: ____________________

Hemer: ____________________

Jaktheus: ____________________

Johanater: ____________________

Juthäus: ____________________

Korlonicher: ____________________

Kordas: ____________________

Lubräer: ____________________

Marmon: ____________________

Matteser: ____________________

Offengeschichte: ____________________

Petrinther: ____________________

Phileus: ____________________

Philobus: ____________________

Rökus: ____________________

Thessalnes: ____________________

Tikas: ____________________

Timosser: ____________________

C. Buchstabensalat

Ihr schneidet einfach ein biblisches Wort in Stücke und der Buchstabensalat muss in die richtige Reihenfolge gebracht werden. Jede Mannschaft bekommt „den gleichen Salat" - wer es zuerst geschafft hat, gewinnt!

Beispiel: S E E G E N E Z A R E T H → Schreibe auf je einen Notizblockzettel einen Buchstaben, jede Gruppe erhält also 13 Zettelchen und muss diese schnell sortieren und das gesuchte Wort herausfinden.

D. Wörter-Remix

Ihr könnt auch einen Bibelvers (den Merkvers der Andacht) „zum Salat verarbeiten", indem ihr auf jeden Zettel ein Wort schreibt. Jetzt muss jede Mannschaft (oder jedes Kind für sich, wenn ihr eine kleine Gruppe seid) die richtige Reihenfolge der Wörter herausbekommen.

Beispiel: Je Zettel ein Wort: „Denn" „also" „hat" „Gott" „die" „Welt" „geliebt," „dass" „er" „seinen" „eingeborenen" „Sohn" „gab," „damit" „alle," „die" „an" „ihn" „glauben," „nicht" „verloren" „werden," „sondern" „das" „ewige" „Leben" „haben" „Johannes 3,16"

E. Lückentext

Ihr druckt den Bibeltext eurer Andacht aus, lasst aber immer wieder ein Wort weg. Die Kinder müssen nun den Text aufmerksam lesen und die Lücken mit möglichen Worten schließen. Auch daraus könnt ihr einen Wettbewerb machen und in Mannschaften gegeneinander spielen. Oder jedes Kind füllt für sich einen Zettel aus.

Beispiel zu Andacht 5: Schnuppernase - Steck die Nase in die Bibel!

Jesus beruft Philippus und überzeugt Nathanael

Am Tag darauf wollte Jesus nach **Galiläa** aufbrechen. Er traf **Philippus** und forderte ihn auf: „Komm, **folge** mir!" Philippus stammte wie Andreas und Petrus aus **Betsaida**. „Philippus wiederum traf **Natanael** und sagte zu ihm: „Wir haben den gefunden, über den **Mose** im Gesetz geschrieben hat und den die **Propheten** angekündigt haben. Es ist Jesus aus **Nazareth**, der Sohn **Josefs**." „Kann aus Nazareth etwas Gutes kommen?", fragte **Natanael**. Philippus antwortete: „Komm mit und **überzeuge** dich selbst!" Als Jesus **Natanael** kommen sah, sagte er: „Da kommt ein wahrer **Israelit**, ein Mann ohne Falschheit." Natanael fragte ihn: „Woher kennst du mich?" **Jesus** antwortete: „Bevor Philippus dich rief, habe ich dich unter dem **Feigenbaum** gesehen." Da sagte Natanael: „Rabbi, du bist der Sohn **Gottes**! Du bist der König von **Israel**!" Jesus sagte: „Glaubst du das jetzt, weil ich dir sagte, dass ich dich unter dem Feigenbaum sah? Du wirst noch viel größere Dinge erleben." Und er fuhr fort: „**Amen**, ich versichere euch: Ihr werdet den **Himmel** offen sehen und erleben, wie die **Engel** Gottes zum **Menschensohn** herab- und von ihm zum Himmel hinaufsteigen!"

Die fett gedruckten Wörter können die Kinder als Hilfestellung bekommen, sodass sie nur die richtige Position der Wörter finden müssen.

SPIEL 5: BIBELMEMORY

Ziel des Spiels	jeder Spieler / jede Gruppe versucht möglichst viele passende Paare zu finden. Dabei lernen die Kinder z. B., einzelne Geschichten dem richtigen biblischen Buch zuzuordnen
Gruppengröße	2 - 20 Kinder oder mehr
Dauer	beliebig
Material	Die Vorlage Seite 80/81 ausdrucken oder selbst auf gleichgroße Kärtchen immer zwei zusammengehörende Aussagen auf je eine Karte schreiben. Beispiel: auf eine Karte „Daniel in der Löwengrube" und auf eine andere Karte (= das passende Gegenüber) „Buch Daniel" oder „Daniel im Feuerofen"; weiteres Beispiel: „Mose" und „Aaron" oder „David" und „Goliat".

Spielbeschreibung Die Kinder spielen einzeln gegeneinander oder bei vielen Kindern in kleinen Gruppen. Ein Kind bzw. Gruppe beginnt und dreht zwei Karten um. Gehört das Paar zusammen, dann bekommt man einen Punkt und darf noch einmal aufdecken. Gehören die Karten nicht zusammen, dann werden sie wieder umgedreht und das nächste Kind bzw. die nächste Gruppe ist an der Reihe.

Hinweis: Bei diesem Spiel macht es nichts aus, wenn die Kinder sich in der Bibel nicht oder nur wenig auskennen. Um ihnen zu helfen, können die Mitarbeiter sagen, nachdem die erste von den zwei Karten umgedreht wurde, welche Karte dazugehören würde. Die Mitarbeiter können auch immer wieder einen Satz zur Person/Geschichte erzählen, um biblischen Inhalt in das Spiel zu bringen.

Vorlage für die Karten

JOSEF	EINE JÜDIN WIRD KÖNIGIN	JESUS VERWANDELT WASSER IN WEIN	OFFENBARUNG
1. MOSE	VOM FISCH VERSCHLUCKT	NAOMI UND RUT	JONA
DIE MAUERN VON JERICHO FALLEN	JESUS KOMMT WIEDER	LUKAS	ELIA UND DIE RABEN
JOSUA	RUT	1. KÖNIGE	DAVID WIRD KÖNIG

2. MOSE	DANIEL	2. SAMUEL	1. SAMUEL
GIDEON	ESTER	EIN LIEBESLIED	PSALM
SPRÜCHE	WER ANDEREN EINE GRUBE GRÄBT ...	JERUSALEM BEKOMMT EINE NEUE MAUER	NEHEMIA
RICHTER	DANIEL IN DER LÖWENGRUBE	APOSTEL-GESCHICHTE	AUSZUG AUS ÄGYPTEN
EIN PROPHET WIRD IN DEN BRUNNEN GEWORFEN	JOHANNES	UNTERWEGS MIT PAULUS	DAVID UND GOLIAT
JEREMIA	DER HERR IST MEIN HIRTE	JESUS WIRD GEBOREN	DAS HOHELIED

SPIEL 6: BIBELBÜCHER SORTIEREN

Ziel des Spiels	die Reihenfolge der Bibelbücher spielerisch lernen
Gruppengröße	2 - 16 Kinder
Dauer	beliebig
Material	Jede Mannschaft braucht einen ausgedruckten Satz Bibelbücher (siehe Seite 120/121) und eine Bibel. Alternative: Jede Mannschaft bastelt die „Bibeliothek" sogar selbst (siehe Kreatives 1, Seite 119)!
Spielbeschreibung	Die Kinder werden in zwei (oder mehr) Mannschaften eingeteilt. Jede Mannschaft bekommt einen Satz der biblischen Bücher des Alten oder Neuen Testaments oder beide zusammen. Wer hat zuerst die richtige Reihenfolge der Bücher gefunden? Dazu bekommt jede Gruppe eine Bibel mit Inhaltsverzeichnis. Tipp: Wenn die Kinder die Bücher und deren Reihenfolge schon besser kennen, können sie das Spiel natürlich auch ohne Vorlage spielen.

SPIEL 7: BIBEL-BILDER-RÄTSEL

Ziel des Spiels	biblisches Wissen wird abgefragt und gelernt
Gruppengröße	beliebig
Dauer	10 - 20 Min.
Material	Bilder ausdrucken oder als Powerpoint zusammenstellen
Spielbeschreibung	Die Kinder raten entweder für sich oder in kleinen Mannschaften. Es werden verschiedene Fragen zu Bildern oder Bibelstellen gestellt.

Beispiele:
Wie heißen die mehrfach in der Bibel, z. B. im Hohelied Salomos, erwähnten Früchte? *Granatapfel*
Auf welchem Gewässer waren Jesus und seine Jünger oft unterwegs? *See Genezareth*
Mit den Blättern welchen Baumes haben Adam und Eva nach dem Sündenfall ihre Blöße bedeckt? *Feigenbaum*

SPIEL 8: BIBEL-DALLI-KLICK

Ziel des Spiels	die Kinder versuchen Bilder zu erraten
Gruppengröße	beliebig
Dauer	10 - 20 Min.
Vorbereitung	Bilder als Powerpoint zusammenstellen

Spielbeschreibung	Die Kinder raten entweder einzeln oder in kleinen Mannschaften. Ein Ausschnitt eines Bildes wird gezeigt, dann wird geraten, was das sein könnte. Jeder darf einmal raten. Dann wird ein weiteres Stück von dem Bild aufgedeckt und erneut geraten. Das geschieht so lange, bis es jemand errät.

SPIEL 9: DIE BIBEL IST IMMER GÜLTIG!

Dieses Spiel kann als Hinführung zur Andacht 1 „Die Bibel ist immer gültig!" (siehe Seite 19) verwendet werden.

Die Idee: Das Motto lautet „Die Bibel ist immer gültig!". Die Aufgaben, die die Kinder zu bewältigen haben, thematisieren alle im weitesten Sinne das Motiv der Vergänglichkeit (ein Telefonbuch wird vernichtet, der Käsekuchen wird verputzt und die Kinder machen die Erfahrung, etwas zu vergessen). Im Anschluss daran folgt die Andacht zu Markus 13,31 (siehe Andacht 1: Die Bibel ist immer gültig!, Seite 19).

Vorbereitung: Jede Mannschaft (Kinder in Gruppen von 3 bis 5 Personen) benötigt
- einen (evtl. nur halben) Käsekuchen (kaufen oder backen lassen)
- ein altes Telefonbuch
- einen Zettel mit Stift

Es werden außerdem 20-30 verschiedene Gegenstände benötigt (mitbringen bzw. was im Jungscharraum vorhanden ist) und eine blickdichte Decke. Schreibe auf einen Zettel in einer Zeile die Zahlen von 1 bis 20 (oder je nach Anzahl der Gegenstände).

Aufgabe	**Spielbeschreibung**
Käsekuchen verputzen	Welche Gruppe hat zuerst ihren Käsekuchen verputzt?
Telefonbuch zerreißen	Welche Gruppe hat zuerst ihr Telefonbuch in der Mitte durchgerissen?
Gegenstände merken	Welche Gegenstände sind unter der Decke? 30 Sekunden lang aufdecken, dann wieder zudecken. Welche Gruppe notiert im Anschluss innerhalb einer Minute die meisten Gegenstände?

Tipp: Für eine Plenumsveranstaltung wählt ihr am besten zwei Kandidaten aus dem Publikum aus, die gegeneinander z. B. das Spiel „Telefonbuch zerreißen" spielen. Dies kann man dann als Einstieg in die Andacht verwenden.

SPIEL 10: SCHNUPPERNASE & CO

Spiele, bei denen man etwas herausfinden oder wissen muss (passend zur Andacht 5, Seite 40):

Gewürze riechen

Material	ca. 10 Gewürze (Knoblauch, Oregano, Pfeffer, Zimt usw.), für jede Mannschaft eine Augenbinde und ein Papier mit Stift
Spielbeschreibung	Jede Mannschaft stellt einen Kandidaten, die Augen verbunden bekommt. Sie dürfen an den Gewürzen riechen und anschließend die Lösung auf ihr Papier schreiben. Dann stellt jede Mannschaft einen anderen Kandidaten. Welche Mannschaft hat die meisten richtigen Lösungen?

Gegenstände ertasten

Material	Karton, ca. 10 verschiedene Gegenstände, Augenbinde, Papier mit Stift
Spielbeschreibung	Ein Spieler jeder Gruppe bekommt die Augen verbunden, darf 30 Sekunden in den Karton fassen und die Gegenstände ertasten. Danach schreibt er schnell auf, was er noch weiß.

Ja-Nein-Stuhl

Material	zwei Stühle, Liste mit biblischen Aussagen (siehe unten)
Spielbeschreibung	Zwei Mannschaften spielen gegeneinander. Je ein Kandidat pro Mannschaft tritt an. Sie stehen auf der einen Seite des Raumes, auf der anderen Seite stehen die zwei Stühle nebeneinander. Ein Mitarbeiter stellt eine Frage, die Spieler rennen los und versuchen die Frage zu beantworten, indem sie sich auf den „Ja-Stuhl" oder den „Nein-Stuhl" setzen. Wer zuerst auf dem richtigen Stuhl sitzt, bekommt einen Punkt.

Beispiele für Aussagen

Adam hatte drei Söhne und zwei Frauen.	NEIN	Er hatte mehrere Kinder und eine Frau (Eva).
Kain erschlug Abel.	JA	1. Mose 4,8
Noahs Söhne hießen Sem, Ham und Jufka.	NEIN	Der dritte hieß Jafet.
Die Arche landete auf dem Gebirge Ararat.	JA	1. Mose 8,5
Abrahams Frau hieß Sara.	JA	Vorher hieß er Abram und sie Sarai.
Abrahams ältester Sohn hieß Isaak.	NEIN	Er hieß Ismael.
Esau betrog Jakob mit einer Linsensuppe.	NEIN	Jakob betrog Esau!
Josef war der mächtigste Mann in Ägypten!	NEIN	Das war der Pharao.

Josef deutete die Träume des Bäckers und des Mundschenks.	JA	1. Mose 40,1-23
Mose führte das Volk 40 Tage durch die Wüste	JA	4. Mose 14,26-38
Josua und Kaleb sind Brüder	NEIN	Josua ist der Sohn Nuns, Kaleb ist der Sohn Jefunnes.
Gideons Armee bestand aus 300 Mann.	JA	Richter 7,7
König David war der Sohn von König Saul.	NEIN	Er war der Sohn Isais, Sauls Sohn hieß Jonathan.
Jesus ist in Nazareth geboren.	NEIN	Jesus wurde in Bethlehem geboren.
Matthäus war von Beruf Zollbeamter.	JA	Matthäus 9,9
Paulus war von Beruf Hersteller von fliegenden Bauten (einfacher: Zelten).	JA	Die offizielle Bezeichnung der Landesbauordnung für „Zelt" lautet „fliegender Bau".
Zachäus war blind.	NEIN	Er war Zöllner in Jericho.
Bartimäus war auch Zöllner in Jericho.	NEIN	Er war blind.
Die Bibel beinhaltet insgesamt 66 Bücher.	JA	39 im AT, 27 im NT.

Bibel hoch

siehe Spiel 1, Seite 75

Bibelfußball

siehe Spiel 2, Seite 75

Suchen & finden[2]

siehe Geländespiel 1, Seite 86

TEIL C
GELÄNDESPIELE

GELÄNDESPIEL 1: SUCHEN & FINDEN[2]

Ziel des Spiels	Bibelstellen nachschlagen, die benannten Gegenstände aufschreiben und möglichst schnell holen
Gruppengröße	3 Kinder pro Gruppe
Dauer	30 - 60 Min.
Material	pro Mannschaft Luhterbibel, Aufgabenblatt (siehe Vorlage unten), Stift, Tüte
Spielbeschreibung	Die Kinder erhalten als Gruppe das Aufgabenblatt, Stift und eine Bibel (möglichst ihre eigene und möglichst alle in der gleichen Übersetzung). Die Bibelstellen werden nachgeschlagen und die benannten Gegenstände aufgeschrieben und möglichst schnell geholt.
Bewertung	Jeder richtig notierte Gegenstand gibt 1 Punkt, jeder geholte Gegenstand 2 Punkte. Für die letzte Frage gibt es 3 Punkte, wenn das Tier lebend gebracht wird. Für die schnellste Gruppe gibt es 5 Zusatzpunkte.

Aufgabenblatt

SUCHEN & FINDEN²
AUFGABENBLATT

Bibelstelle	Lösung	Punkte (füllt Mitarbeiter aus)
Matthäus 21,19		
Hiob 2,8		
Matthäus 13,24		
Markus 1,7		
Psalm 103,15		
Matthäus 7,26		
Johannes 8,7		
1. Mose 3,18		
Matthäus 13,25		
Lukas 23,31		
Markus 1,6		
Matthäus 14,29		
Jesaja 38,12		
Matthäus 6,19		
Markus 6,8		
Matthäus 10,29		
1. Mose 41,42		
Matthäus 10,30		
2. Mose 3,5		
3. Mose 11,22		
1. Samuel 17,40		
Sprüche 6,6	(lebend)	

Lösung

Matthäus 21,19	Blätter
Hiob 2,8	Scherbe
Matthäus 13,24	Samen
Markus 1,7	Riemen (Schnürsenkel)
Psalm 103,15	Gras, Blume
Matthäus 7,26	Sand
Johannes 8,7	Stein
1. Mose 3,18	Dornen/Disteln
Matthäus 13,25	Unkraut
Lukas 23,31	Holz
Markus 1,6	(Kamel-)Haare, Gürtel, Heuschrecken, Honig
Matthäus 14,29	Wasser
Jesaja 38,12	Faden
Matthäus 6,19	Rost
Markus 6,8	Stab, Brot, Tasche, Geld, Gürtel
Matthäus 10,29	Groschen/Cent
1. Mose 41,42	Ring, Kette
Matthäus 10,30	Haare
2. Mose 3,5	Schuhe
3. Mose 11,22	Heuschrecke
1. Samuel 17,40	Steine, Stab, Tasche, Köcher, Schleuder
Sprüche 6,6	Ameise (lebend)

GELÄNDESPIEL 2: DIE BIBELVERS-SCHMUGGLEREI

Ziel des Spiels	möglichst viele Bibelverse zu einem bestimmten Ziel transportieren
Gruppengröße	2 Mannschaften
Dauer	30 - 60 Min.
Material	viele kleine Zettelchen mit Bibelversen
Vorbereitung	kurze Bibelverse ausdrucken und in Visitenkartengröße ausschneiden. Fertige Kärtchen gibt es zum Beispiel beim Deutschen EC-Verband: www.ec-jugend.de/ec-shop.
Spielbeschreibung	Bildet zwei gleich große Mannschaften. Die eine Mannschaft sind die Schmuggler und die anderen sind die Geheimpolizisten. In einigen Ländern der Welt sind Bibeln verboten und werden deshalb heimlich über die Grenze geschmuggelt. (Hier kann vor Ort ein konkreter Bericht erzählt oder vorgelesen werden. Wer Geschichten braucht, kann sich

ein Buch von „Bruder Andrew - der Schmuggler Gottes" besorgen.) Nun sollen die Schmuggler versuchen, kleine Bibelverszettel auf die andere Seite des Geländes zu schmuggeln und sie dort einer Verbindungsperson (Mitarbeiter) zu übergeben. Die Geheimpolizisten versuchen, die Schmuggler abzufangen und ihnen die Bibelverszettel abzunehmen. Die Schmuggler haben noch eine zusätzliche Chance, Punkte zu machen: sie lernen die Bibelverse auf dem Weg zur Verbindungsperson auswendig! Falls also die Geheimpolizei einem Schmuggler den Vers abnimmt, gibt es trotzdem Punkte, wenn er den Vers richtig aufsagt. Die Verbindungsperson steht in einem abgegrenzten Gebiet von ca. 10 x 10 Meter oder hinter einer Linie, wo die Geheimpolizei nicht hin darf. Nach einer vorgegebenen Zeit oder wenn eine bestimmte Anzahl Bibelverse geschmuggelt wurde, wechseln die Mannschaften.

Geländespiel 3: Die Gutenberg-GmbH & Co. KG

Johannes Gutenberg (eigentlich Johannes Gensfleisch von Laden) wurde um 1400 in Mainz geboren und starb dort am 3. Februar 1468. Gutenberg gilt als der Erfinder des Buchdrucks. Er revolutionierte die herkömmlichen Methoden der Buchproduktion und löste in Europa eine Medienrevolution aus. 1445 war das Drucken mit beweglichen Buchstaben möglich. Gutenbergs Buchdruck breitete sich schnell in Europa und später in der ganzen Welt aus. Die Gutenberg-Bibel, wegen der 42 Zeilen je Seite auch „B42" genannt, wurde in der ersten Auflage ca. 30-mal auf Pergament und 150-mal auf Papier gedruckt. Davon sind heute noch 49 Exemplare übrig, manche nur als Fragmente. 1987 wurde zuletzt eine verkauft: der Kaufpreis von rund 5 Mio. Euro ist einer der höchsten, der je für ein Druckwerk bezahlt wurde.

Ziel des Spiels	Jede Gruppe produziert eine „B42", eine Gutenberg-Bibel. Dazu müssen die Kinder verschiedene Aufgaben erledigen. Sie müssen herausfinden, welche Aufgaben sie direkt erledigen und welche sie erst dann angehen können, wenn sie vorher eine bestimmte Aufgabe geschafft haben.
Gruppengröße	Gruppen mit jeweils 2-7 Kindern
Dauer	45 - 60 Min.
Material	allgemeines Bastelmaterial für alle Gruppen (z. B. Servietten, Zeitschriften, Zeitungen, Klebestift, Buntstifte usw.), Locher, Lineal, Bleistift, Stifte/Kulis, Bürohefter (Tacker), ca. 20 ausgedruckte Bibelverse, pro Gruppe eine rohe Kartoffel, Küchenmesser, Wasserfarbe, Pinsel, Joghurtbecher, 3 x DIN-A4-Papier weiß, 1 x DIN-A4-Papier bunt, Schnur, 40 cm Stoffband, pro Gruppe ca. 10 Plastikchips oder Spielmünzen

Vorbereitung	Jede Gruppe bekommt drei Münzen als Startkapital, der Rest bekommt das Verlagshaus (wenn hier die Münzen ausgehen, müssen die Münzen von den Stationen wieder ins Verlagshaus gebracht werden).
Info	Die Stationen könnten bei wenigen Mitarbeitern evtl. auch ohne Mitarbeiter laufen - dann müsste an jeder Station ein Zettel mit der jeweiligen Aufgabenbeschreibung liegen!
Spielbeschreibung	Jede Gruppe erhält drei Münzen als Startkapital. Damit kann die Gruppe bei Station 1, 2 oder 3 Material kaufen und eine Aufgabe erledigen. Hat sie diese Aufgabe erfolgreich absolviert, zeigt sie ihr Produkt im Verlagshaus vor und bekommt dafür erneut drei Münzen. (Reihenfolge der Stationen 1, 2 und 3 ist egal.) Station 4 kann erst angegangen werden, wenn die Gruppe schon bei Station 1 das Papier erworben hat! Hat eine Gruppe Station 1-4 geschafft (und weist somit das Titelblatt, den Inhalt und den Umschlag vor), bekommt sie dafür fünf Münzen und kann Station 5 angehen. Hat die Gruppe auch Station 5 geschafft (und weist ein gebundenes Buch vor), bekommt sie dafür sechs Münzen und kann die letzte Station angehen. Wer zuerst seine Gutenberg-Bibel erstellt hat, hat gewonnen. Natürlich kann zusätzlich auch die Kreativität und Qualität der Bibel beurteilt und mit Zusatzpunkten bewertet werden!

Stationen

Verlagshaus

Im Verlagshaus können verschiedene Materialien gekauft und erledigte Aufgaben abgenommen werden. Hier werden auf jeden Fall ein oder zwei Mitarbeiter gebraucht.

Station 1: „Papier schneiden“

Material	3-4 Blatt DIN-A4-Papier weiß, Schere, Lineal und Bleistift (um Schnittlinien anzuzeichnen). Das Material erhält die Gruppe, wenn sie beim Mitarbeiter drei Münzen abgibt!
Ziel	Die Gruppe soll das DIN-A4-Papier halbieren und DIN-A5-Papier daraus schneiden. Diese werden noch einmal halbiert und somit auf DIN-A6-Größe zugeschnitten.

Station 2: „Titelseite drucken“ - Kartoffelstempel erstellen

(z. B. Kreuz als Symbol = einfach, bekommen die Kinder schnell und problemlos hin)

Material	Bleistift, Wasserfarben, Pinsel und Joghurtbecher mit Wasser, Kartoffeln und Küchenmesser, DIN-A6-Papier. Das nötige Material erhält die Gruppe, wenn sie beim Mitarbeiter drei Münzen abgibt!

Anleitung	Eine Kartoffel quer durchschneiden und die Umrisse des Stempelbildes auf die Schnittfläche malen. Anschließend den Umriss mit dem Messer nachritzen und den überstehenden Rand ca. einen halben Zentimeter tief abschneiden. Zum Drucken die Farbe auf die Kartoffelstempel auftragen und den Stempel auf das Blatt drücken.
Ziel	Die Gruppe soll eine kreative DIN-A6-Titelseite für ihre Bibel drucken.

Station 3: „Umschlag basteln"

Material	1 buntes DIN-A5-Papier, verschiedene Bastelmaterialien. Das nötige Material erhält die Gruppe, wenn sie beim Mitarbeiter drei Münzen abgibt!
Ziel	Die Gruppe soll aus dem DIN-A5-Papier einen schönen Umschlag für die Bibel kreieren. Das DIN-A5-Papier wird einmal gefaltet, dass es somit auch die Größe DIN A6 hat.

Station 4: „Inhalt schreiben"

Material	das geschnittene Papier von Station 1, Bibelverse zum Abschreiben, Stifte. Das nötige Material erhält die Gruppe, wenn sie beim Mitarbeiter drei Münzen und das geschnittene Papier von Station 1 abgibt!
Ziel	Jede Gruppe muss 16 Bibelverse (Anzahl ist beliebig - vorab festlegen!) auf 8 DIN-A6-Blätter abschreiben - je ein Vers auf die Vorderseite und ein Vers auf die Rückseite eines DIN-A6-Papiers. Jedes Gruppenmitglied muss etwas schreiben!

Station 5: „Buch binden"

Material	Schnur, Locher. Das nötige Material erhält die Gruppe, wenn sie beim Mitarbeiter fünf Münzen abgibt!
Ziel	Der Inhalt (die Bibelverse) und die Titelseite werden in den Umschlag gelegt. Jetzt werden am Rand mehrfach Löcher gestanzt. Mit der Schnur werden die Blätter miteinander verbunden - die Art und Weise ist der Gruppe überlassen (es soll gut aussehen und kreativ sein).

Station 6: „Lesezeichen anbringen"

Material:	Stoffband, Tacker, Schere. Das nötige Material erhält die Gruppe, wenn sie beim Mitarbeiter sechs Münzen abgibt!
Ziel:	Das 40 cm lange Stoffband wird halbiert, diese zwei Bänder werden nun oben an das Buch getackert und wie Lesezeichen in das Buch gelegt. Jetzt ist die Gutenberg-Bibel fertig und kann beim Verlagshaus abgegeben werden. Die schnellste (und kreativste) Gruppe gewinnt!

GELÄNDESPIEL 4: DIE GROßE BIBEL-JAGD

Ziel des Spiels	Die Bibel soll zusammengesetzt werden, dazu braucht es viel Einsatz. Leider gibt es auch viele Gefahren und die biblischen Bücher müssen geschützt werden.
Gruppengröße	20 - 70 Kinder in 4 - 9 Gruppen mit je 5 - 7 Kindern
Dauer	90 - 120 Min.
Mitarbeiter	4 Mitarbeiter in den vier Läden, je 20 Kinder 1 Mitarbeiter als Räuber, 1 Mitarbeiter in der Bank, 1 oder 2 Mitarbeiter als Auftraggeber
Vorbereitung	Die Vorlage „Biblische Bücher“ (siehe Seite 120/121) je Mannschaft in einer Farbe einmal kopieren bzw. ausdrucken und ausschneiden. Die biblischen Bücher dann entsprechend der Liste Infos zu den Läden (siehe Seite 93) an die Läden verteilen. Ein DIN-A3-Blatt als „Bücherregal“ je Mannschaft in einer Farbe der Bank geben. Vier Münzarten organisieren (z. B. unterschiedliche Plastikchips) und an die Bank und den/die Auftraggeber verteilen (ggf. holt der Auftraggeber bei den Läden wieder Nachschub). Vier „Geschlossen“-Schilder für die Läden schreiben. pro Räuber einen Würfel Klebestifte in der neutralen Zone und ein Tisch, auf dem die „Bücherregale“ der einzelnen Mannschaften liegen
Spielbeschreibung	Ziel: Die Bibel soll zusammengestellt werden. Welche Gruppe schafft das am schnellsten bzw. die meisten Bücher in einer festgelegten Zeit? In der neutralen Zone ist jeder sicher und kann nicht ausgeraubt werden (ebenso im Umkreis von 2 Metern um die Läden). Die Gruppen haben in der neutralen Zone die Möglichkeit, ihr erworbenes Material zu sammeln und aufzukleben. Das nötige Material muss gesucht, gekauft und zusammengestellt werden, sodass am Schluss alle biblischen Bücher in das „Bücherregal“ eingeklebt sind. Räuber machen den Kinder das Leben schwer ...

Gruppenregeln

Die Gruppe muss immer zusammenbleiben (keine Trennung).

Die Gruppen dürfen sich frei auf dem Gelände bewegen.

Es gibt vier Läden, in denen Mitarbeiter sitzen. Sie sind die Bibelbuchverkäufer. Bei ihnen bekommen die Kinder die biblischen Bücher.

Läden

Die Bücher müssen mit verschiedenen Münzen bezahlt werden. In jedem Laden kann nur in zwei Münzarten bezahlt werden. Die Bibelbücherpakete sind unterschiedlich viel wert (s. unten). Jeder Laden verkauft 4 Bibelbücherpakete, also 16 Artikel. Jeder Laden kann immer wieder kurz zu schließen, max. 2 Min. am Stück, sodass die Kinder warten müssen.

Münzen, die die Läden jeweils annehmen
Laden 1 nimmt: Denar und Drachme
Laden 2 nimmt: Drachme und Talent
Laden 3 nimmt: Talent und Schekel
Laden 4 nimmt: Schekel und Denar

Die Bücher, die die Läden verkaufen
Laden 1 verkauft: 1. Mose bis Nehemia
Laden 2 verkauft: Ester bis Micha
Laden 3 verkauft: Nahum bis Philipper
Laden 4 verkauft: Kolosser bis Offenbarung

Variante 1: Jedes Buch kostet immer gleich viel (z. B. der Preis der Bücher 5-8, je Münzart eine Münze).

Variante 2: Der Preis steigt während des Spiels immer höher (z. B. alle 20 Minuten ist der nächst höhere Preis zu bezahlen).

Übersicht über die Waren und Preise der vier Läden

	Bücherpaket 1	*Bücherpaket 2*	*Bücherpaket 3*	*Bücherpaket 4*
Laden 1	1. Mose 2. Mose 3. Mose 4. Mose	5. Mose Josua Richter Rut	1. Samuel 2. Samuel 1. Könige 2. Könige	1. Chronik 2. Chronik Esra Nehemia
Preis	1 Denar	1 Denar und 1 Drachme	1 Denar und 2 Drachme	2 Denar und 2 Drachme
Laden 2	Ester Hiob Psalmen Sprüche	Prediger Hohelied Jesaja Jeremia	Klagelieder Hesekiel Daniel Hosea	Joel Amos Obadja Jona Micha
Preis	1 Drachme	1 Drachme und 1 Talent	1 Drachme und 2 Talent	2 Drachme und 2 Talent
Laden 3	Nahum Habakuk Zefanja Haggai	Sacharja Maleachi Matthäus Markus	Lukas Johannes Apostelgeschichte Römer	1. Korinther 2. Korinther Galater Epheser Philipper
Preis	1 Talent	1 Talent und 1 Schekel	1 Talent und 2 Schekel	2 Talent und 2 Schekel
Laden 4	Kolosser 1. Thessalonicher 2. Thessalonicher 1. Timotheus	2. Timotheus Titus Philemon Hebräer	Jakobus 1. Petrus 2. Petrus 1. Johannes	2. Johannes 3. Johannes Judas Offenbarung
Preis	1 Schekel	1 Schekel und 1 Denar	1 Schekel und 2 Denar	2 Schekel und 2 Denar

Räuber

Es gibt pro 20 Kinder einen Räuber, der sich entsprechend schwarz und unheimlich kleiden kann (Maske, Helm usw.). Der Räuber darf die Gruppen nur auf freiem Gelände angreifen und jagen – nicht in der neutralen Zone und nicht im Umkreis von 2 Metern um die Läden. Er hat drei Möglichkeiten, die Kinder zu bestehlen. Wenn er ein Kind einer Gruppe abgeklatscht/fängt, muss die ganz Gruppe stehen bleiben und gegen ihn spielen: Der Räuber wählt selbst eine dieser drei Möglichkeiten:

1. Würfeln: Wenn der Räuber eine höhere Zahl würfelt als die Gruppe, dann müssen sie ihm Münzen abgeben in Höhe der von ihm gewürfelten Würfelaugenzahl.
2. Der Räuber deutet auf ein Kind: Hat es Bibelteile oder Geld, muss das Kind alles abgeben. Ehrlichkeit wird vorausgesetzt. Die Gruppe darf während des ganzen Spiels generell alles Erworbene und alle Münzen unter sich aufteilen, wie sie will.
3. Der Räuber nennt eine Münzart und die Gruppe muss alles abgeben, was sie von dieser Münzsorte mit sich trägt.

Bank

Wie kommen die Gruppen an ihr Geld?

Startkapital: Die Bank legt das Startkapital der einzelnen Gruppen fest. Am besten jeder Gruppe drei unterschiedliche Münzen geben, dann rennen nicht alle gleichzeitig zur selben Station. Genügend Geld am Anfang mitgeben, damit sie erst einmal ein oder zwei Bibelbücher kaufen können!

Werden von den Kindern die Bibelbücher in der neutralen Zone abgegeben und auf ihr Bücherregal geklebt, bekommen sie von der Bank wieder Geld, z. B. pro Buch zwei verschiedene Münzen.

Auftraggeber

Ein Mitarbeiter läuft frei auf dem Gelände herum und wird von den Gruppen aufgesucht. Er stellt Fragen (z. B. von einem Quiz aus diesem Buch) oder verteilt kleine Aufgaben (z. B. „Bringt 5 Kieselsteine!“, „Jeder macht 10 Liegestütze!“, „Singt ein Lied!“ usw.). Werden sie richtig beantwortet oder ausgeführt, bekommen die Kinder von ihm Geld (z. B. für eine Frage eine Münze, für eine Aufgabe, die zwei Minuten dauert, zwei oder drei Münzen).

Die Fragen und Aufgaben werden vorher ausgedacht und der Geldgewinn festgelegt. Es muss sich für die Kinder auch lohnen! Bei zeitaufwändigen oder schwierigen Aufgaben gibt er ihnen z. B. mehr Lohn als für die Beantwortung einer Frage.

Variante: Wenn zwei Auftraggeber im Spiel sind, kann der eine nur Fragen stellen (und weniger Lohn auszahlen bei der richtigen Antwort) und der andere verteilt nur Aufgaben, die aber höher belohnt werden.

Spielfeld

Spannend ist ein unwegsames Gelände, damit der Räuber sich gut verstecken und dann die Gruppen überfallen kann!

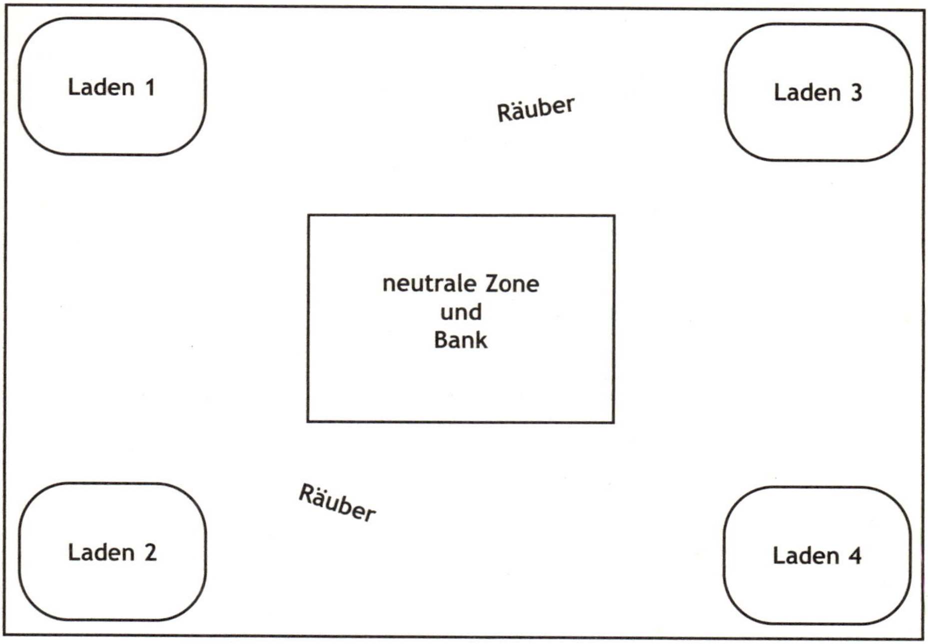

TEIL D
SPIELENACHMITTAGE UND -ABENDE

PROGRAMM 1: PSALM 23

Ziel des Spiels	Der bekannte Psalm 23 soll nacherlebt werden
Gruppengröße	2 - 20 Kinder
Dauer	30 - 45 Min.
Material	Stab, Strohhalme, Gefäße mit 1 Liter Wasser, Augenbinden, Puzzles zu Psalm 23 (Psalm 23 ausdrucken und zerschneiden)
Spielbeschreibung	Zu den verschiedenen Versen werden Mannschaftsspiele gespielt, in denen der Psalm 23 nacherlebt wird. Die Kinder können z. B. nach jedem Spiel raten, zu welchem Vers das Spiel gehört.

Schafrennen: Vierfüßlerlauf als Staffel

Grasen: Welche Gruppe bringt innerhalb von 5 Min. das meiste Gras?

Mäh: Welche Gruppe kann am längsten ihren Mäh-Ruf aushalten (als Staffel: Wenn einer mit seinem Mäh-Ruf aufhört, fängt der Nächste an)?

Hirtenstabweitwurf: Welcher Stab fliegt am weitesten?

Wetttrinken: Welche Gruppe trinkt am schnellsten 1 Liter Wasser aus? (pro Spieler ein Strohhalm)

Schafparcours durch das finstere Tal: Ein Spieler leitet einen seiner Mitspieler durch einen Parcours. Dem Mitspieler sind die Augen verbunden.

Psalm puzzeln: Der zerschnittene Psalm muss in die richtige Reihenfolge gebracht werden. Wer schafft es zuerst?

Für weitere Ideen die eigene Kreativität einsetzen - lasst euch vom Psalm 23 inspirieren! Als Abschluss kann ein gemeinsames Festmahl mit der ganzen Jungschar gefeiert werden (siehe letzter Vers).

PROGRAMM 2: DER GROßE PREIS

Ziel des Spiels	Gruppen spielen gegeneinander und versuchen, verschiedene Fragen zu beantworten
Gruppengröße	beliebig
Dauer	40 - 60 Min.
Material	Übersicht/Plakat über die möglichen Fragen (kann auch als Powerpoint gestaltet werden)
Spielbeschreibung	Die Kinder werden in Gruppen eingeteilt. Es gibt Fragen in 4 bis 5 Kategorien und in jeder Kategorie 5 verschiedene Schwierigkeitsstufen (20 bis 100 Punkte). Die Gruppe, die dran ist, sucht sich die Kategorie und die Schwierigkeitsstufe aus. Kann sie die entsprechende Frage beantworten, bekommt sie die Punkte, ansonsten sind nacheinander die anderen Gruppen dran. Einige Fragen können Joker sein, d. h. es gibt die Punkte ohne Frage; einige Fragen können Risiko-Fragen sein, hier entscheidet die Gruppe, wie viele Punkte sie setzen möchte (beantwortet die Gruppe die Frage richtig, erhält sie die Punkte, bei einer falschen Frage verliert sie die Punkte; hier sind die anderen Gruppen nicht weiter dran).

Mögliche Kategorien: Bibel allgemein, Autoren der Bibel, biblische Bücher, Personen der Bibel, Berufe der Bibel usw.

Tipp: Über 800 Quizfragen rund um die Bibel gibt es im Buch "Fragen über Fragen", **BORN**-VERLAG, www.bornverlag.de.

PROGRAMM 3: GLÜCKSRAD

Ziel des Spiels	Bibelverse bzw. Sätze rund um die Bibel herausfinden
Gruppengröße	3 - 20 (bei wenig Kindern spielt jeder für sich, sonst Gruppen bilden mit 4 - 5 Kindern)

Dauer	30 - 45 Min.
Material	Tafel oder Flip-Chart oder OHP oder Tapete, Eddings, Papier und Kulis, Würfel
Spielbeschreibung	Der Spielleiter zeichnet horizontale Striche auf ein Blatt (oder Tafel, Flip-Chart, Tapete, OHP) - je Buchstabe einen Strich, zwischen den Wörtern entsprechend Abstand lassen, damit man erkennt, wie viele Buchstaben ein Wort hat. Ein Kind oder eine Gruppe beginnt, würfelt und nennt anschl. einen Konsonanten, z. B. „S“. Für jedes „S“, das im zu erratenden Lösungssatz steckt, bekommt man so viele Punkte, wie man gewürfelt hat (man würfelt z. B. eine 4, im Lösungssatz sind insgesamt 5 „S“, man erhält 20 Punkte). Man kann pro Aufgabe nur einen Vokal (A, E, I, O, U) für 10 Punkte kaufen. Wenn der gekaufte Vokal im Lösungssatz enthalten ist, würfelt man und bekommt entsprechend viele Punkte gutgeschrieben (man kauft z. B. ein „A“, bekommt dafür 10 Punkte abgezogen; der Buchstabe „A“ kommt 4-mal vor, man würfelt eine 5 und bekommt 20 Punkte gutgeschrieben). Wenn ein Kind oder eine Gruppe meint, den Lösungssatz erkannt zu haben, darf es anstatt zu würfeln den Satz versuchen zu lösen. Stimmt der Tipp, bekommt es 20 Punkte, stimmt der Satz nicht, geht das Spiel weiter.

Beispiele

1. ___ _______ ____ _____ _____, _____ ______ ______.
Wer anderen eine Grube gräbt, fällt selbst hinein.

2. ___ ____ ___ ____ _____, ___ ____ ______ _______.
Der Herr ist mein Hirte, mir wird nichts mangeln.

3. ______ ______ ___ ___ _____.
Martin Luther war ein Mönch.

PROGRAMM 4: „HEIßE KARTOFFEL“

Ziel des Spiels	Die Mannschaften müssen Begriffe erraten, die von einem Mitspieler ausschließlich mit Worten umschrieben werden
Gruppengröße	beliebig, zwei Mannschaften bilden
Dauer	beliebig
Material	Karten kopieren/ausdrucken (siehe Seite 99/100), evtl. weitere (eigene) Begriffe finden

Spielbeschreibung Bildet zwei Mannschaften. Die Spieler der Mannschaften sitzen abwechselnd im Kreis. Ein Spieler von Gruppe A fängt an und umschreibt das oberste Wort auf der Karte. Das Wort selbst und auch die darunter stehenden Begriffe darf er dazu nicht verwenden! Sie sind wie eine „heiße Kartoffel“. Sein rechter und linker Sitznachbar (von der gegnerischen Mannschaft!) passen gut auf, was er sagt, dass er die Begriffe nicht verwendet und keine Gestik oder Mimik, auch nicht auf Gegenstände zeigt usw. Fremdwörter oder Wörter im Dialekt sind nicht erlaubt. Bei einem Fehler müssen die Aufpasser laut „Stopp!“ rufen. Wenn einer der Begriffe oder Teile davon von seiner Mannschaft erraten wurden, darf er sie zum Erklären verwenden. Der Spieler hat 1 Minute Zeit, so viele Begriffe wie möglich zu umschreiben. Für jeden erratenen Begriff bekommt die Gruppe einen Punkt. Nach der Minute kommt sein Sitznachbar und somit die andere Gruppe dran. Raten darf jeweils nur die eigene Gruppe.

Begriffskarten

ARCHE Noah Tiere Schiff Sintflut	**OFFENBARUNG** Bibel letztes Buch Johannes Zukunft	**AUTOR** schreiben Bücher Schriftsteller Bibel	**BIBEL** Buch Altes Testament Neues Testament Gottes Wort
PSALMEN Lieder Bibel 150 David	**PAPIER** Block Heft weiß Holz	**PROPHET** Elia Elisa sprechen Gottes Volk	**NEUES TESTAMENT** Altes Testament Bibel Gottes Wort Buch

Fortsetzung nächste Seite!

ISRAEL Gottes Volk 12 Stämme Wüste Totes Meer	**HEILIGER GEIST** Gott Taube Jesus Pfingsten	**JUNGSCHAR** hier Kinder treffen jede Woche	**ALTES TESTAMENT** Neues Testament Bibel Gottes Wort Buch
10 GEBOTE Mose zwei Steintafeln Sinai Verbote	**KÖNIG DAVID** Saul Jonatan Batseba Hirte	**MOSE** Aaron Wüste Volk Israel 10 Gebote	**GESETZ** Mose 10 Gebote Israel Altes Testament
MISSIONS-REISE Paulus drei Schiff Europa	**PAULUS** Saulus Briefe Missionar Reisen	**DIE JÜNGER** 12 Jesus Petrus nachfolgen	**EVANGELIUM** Neues Testament Jesus Kreuz ewiges Leben
REGENBOGEN Arche Noah Himmel Farben bunt	**KUND-SCHAFTER** Josua Kaleb Trauben erkunden	**JESUS CHRISTUS** Gottes Sohn Messias Maria und Josef Bethlehem	**INHALTS-VERZEICHNIS** Bibel vorn Übersicht Liste

PROGRAMM 5: BIBEL IN ACTION

Ziel des Spiels	biblische Begriffe zeichnerisch, pantomimisch oder sprachlich erklären
Gruppengröße	6 - 40 Kinder
Dauer	90 Min.
Material	Wäscheleine, 40 DIN-A5-Zettel in drei unterschiedlichen Farben, 40 Wäscheklammern zum Befestigen der Zettel, Klebepunkte o.Ä., für jede Gruppe eine Wäscheklammer als Spielfigur, Spielkärtchen für die zu erratenden Begriffe, Luftballon
Vorbereitung	40 DIN-A5-Zettel in drei unterschiedlichen Farben (etwa gleiche Aufteilung) werden farblich durcheinander von 1 bis 40 nummeriert und von 1 bis 40 auf einer Wäscheleine aufgehängt. Elf Nummern (siehe unten) werden besonders gekennzeichnet, z. B. durch einen Klebepunkt. Spielfiguren sind Wäscheklammern.
Spielbeginn	Alle Gruppen beginnen auf Feld 1. Die Reihenfolge wird ausgelost.
Spielverlauf	Jede Farbe steht für einen Spielbereich: zeichnen, Pantomime, erklären. Zu jedem gibt es Begriffe auf Kärtchen (siehe Seite 102-104). Je nach Farbe zieht die Gruppe, die dran ist, ein Kärtchen. Einer in der Gruppe stellt den Begriff entsprechend dar, alle anderen raten. Der Darsteller wechselt jede Runde. Die Ratezeit beträgt 40 Sekunden und kann noch erweitert werden: Nach den 40 Sekunden bekommt die nächste Gruppe einen Luftballon, den einer aufbläst und durch Draufsetzen zum Platzen bringt. Das ist dann das endgültige Ende der Ratezeit. Errät die Gruppe den Begriff in der Zeit, darf sie entsprechend der Punktzahl auf dem Kärtchen vorrücken. Schafft sie es nicht, geht sie die Punktezahl zurück.

Markierte Felder stehen für besondere Punkteverteilung:

Feld 4:	Bei Gewinn verdoppelt sich die Punktzahl, bei Verlust einen Schritt zurück.
Feld 6/25/39:	Je ein Vertreter aller Gruppen rät. Die Gewinnergruppe erhält die Punkte.
Feld 9:	Die entsprechende Punktzahl wird bei Gewinn halbiert. Es wird abgerundet.
Feld 14:	Gewinn: ein Punkt hinter den Besten. Verlust: ein Punkt vor den Schlechtesten.
Feld 18:	Gewinn: 5 Schritte vor, Verlust: 5 Schritte zurück
Feld 28:	doppelte Ratezeit
Feld 30:	Es wird gegen die beste Gruppe gespielt (je ein Vertreter). Ist die eigene Gruppe die beste, wird gegen die zweitbeste Gruppe gespielt.
Feld 32:	Bei Gewinn gehen die eigene und die schlechteste Gruppe die Punktzahl vor.
Feld 36:	halbe Ratezeit

Spielkarten Pantomime

Bibel 2	David 3	Schlange 2	Taufe 4
Kreuz auf Golgatha 3	See Genezareth 4	Turm zu Babel 3	Thron 5
Bethlehem 4	Schafe 1	Weintraube 2	Engel 2
Ägypten 1	Posaune 2	Kamel 1	Fischerboot 3
Himmel 3	Sterne 1	Zelt 2	Fischernetz 2
12 Jünger 4	Maria 2	Karawane 3	5 Brote 2
Tempel 5	Schriftrolle 4	Arche Noah 2	Schweine 1
7-armiger Leuchter 5	Jordan 5	ein Blinder 4	Weizenähre 3
Tafeln mit den Geboten 2	Eva 2	Altar 3	Hölle 4

Spielkarten Zeichnen

Ostern 3	Götzen- dienst 5	Wein 2	Gottes Wort 1
Taufe 4	Altes Testament 1	Der verlo- rene Sohn 3	Hirten 4
Jesus 1	Jerusalem 4	Heilung 5	Martin Luther 3
Schöpfung 3	Petrus 2	Angst 3	Übersetzen 2
Mose 2	Segel 3	Mitleid 2	Dienen 3
Josef 2	Gehorsam 4	Zorn 3	Versöhnen 3
Josua 2	Psalm 5	Versprechen 4	Vertrauen 3
Vaterunser 3	Liebe Gottes 3	Aufer- stehung 3	Treue 4
Singen 2	Segen 4	Gleichnis 5	Neues Testament 1

Spielkarten Erklären

Hochzeit zu Kana 4	Männer im Feuerofen 5	Speisung der 5000 4	Petrus fängt viele Fische 3
Samariter 4	Schiffbruch des Paulus 4	David und Goliat 2	Briefe schreiben 3
Jesus heilt den Blinden 3	Nehemia baut die Stadtmauer auf 4	der verlorene Groschen 3	Esau und Jakob 3
Palmsonntag 3	Jericho stürzt ein 3	Jesus heilt den Lahmen 3	Kirche 3
Weihnachten 2	Sturmstillung 2	vom Hausbau 4	Segnen 2
Die drei Weisen 4	Jona im Fisch 3	Froschplage 3	Taufe 2
Arche Noah 4	Zachäus auf dem Baum 2	Zug durch das Rote Meer 3	Beten 1
Jesus wäscht Petrus die Füße 3	Turmbau zu Babel 4	Stern von Bethlehem 4	Predigen 2
Daniel und die Löwen 4	das Goldene Kalb 3	Mose im Korb 3	Ostern 3

PROGRAMM 6: WER WIRD BIBELIONÄR?

Ziel des Spiels	Gruppen oder einzelne Spieler beantworten Fragen mit ansteigendem Schwierigkeitsgrad
Gruppengröße	beliebig
Dauer	30-45 Min.
Material	keines
Spielbeschreibung	Eine Gruppe oder ein einzelner Spieler versucht Fragen zu beantworten, die immer schwieriger werden. Der Spieler bekommt vier Antwortmöglichkeiten zur Auswahl. Er kann während eines Spieles 3 Joker einsetzen: Publikumsjoker (das Publikum wird befragt), 50:50-Joker (zwei falsche Antworten werden enttarnt), Telefonjoker (der Spieler darf entweder eine Person im Raum fragen oder eine Person seiner Wahl anrufen). Wenn der Spieler eine Frage falsch beantwortet, ist für ihn das Spiel / die Runde beendet. Es können auch mehrere Gruppen / alle Kinder gleichzeitig spielen: Jeder schreibt seine Lösung auf ein Blatt. Wer eine Frage falsch beantwortet hat, scheidet aus dieser Runde aus.

Quizfragen Stufe 1

Wie heißt der Mann von Eva?

A: Adam B: Bartimäus C: Zachäus D: Darius

Wie viele Jünger hatte Jesus?

A: 3 B: 7 C: 10 **D: 12**

Wie heißen die Eltern von Jesus?

A: Adam / Eva **B: Maria / Josef** C: Aquilla / Priszilla D: David / Batseba

Was war Simon Petrus von Beruf?

A: Zimmermann B: Bäcker **C: Fischer** D: Priester

Wie viele Psalmen gibt es?

A: 23 B: 70 C: 100 **D: 150**

In welcher Sprache ist das Neue Testament verfasst?

A: Deutsch **B: Griechisch** C: Hebräisch D: Latein

Quizfragen Stufe 2

Wie viele Evangelien gibt es?

A: 1 B: 2 C: 3 **D: 4**

Wie viele Missionsreisen unternahm Paulus?

A: 1 **B: 3** C: 7 D: 12

Mit welchem Buch beginnt das Neue Testament?

A: 1. Mose B: Psalmen **C: Matthäus** D: Lukas

Mit welchem Buch beginnt das Alte Testament?

A: Markus | **B: 1. Mose** | C: Offenbarung | D: Josua

Wie viele Bücher Mose gibt es?

A: 4 | **B: 5** | C: 10 | D: 12

In welcher Sprache ist das Alte Testament verfasst?

A: Deutsch | B: Griechisch | **C: Hebräisch** | D: Latein

Quizfragen Stufe 3

Wie viele Personen waren in der Arche?

A: 1 | B: 2 | **C: 8** | D: 12

In welchem Zeitraum entstand die Bibel?

A: ca. 100 Jahren | B: ca. 1.000 Jahren | **C: ca. 1.500 Jahren** | D: ca. 3.000 Jahren

Wie wird der Philipperbrief oft genannt?

A: Brief der Freude | B: Tränenbrief | C: Brief für Anfänger | D: komplizierter Brief

Wie wird Johannes der Täufer bezeichnet?

A: Der zweite Mose | B: Der zweite Aaron | C: Der zweite David | **D: Der zweite Elia**

Wie viele Bücher umfasst das Neue Testament?

A: 4 | B: 14 | **C: 27** | D: 66

Wie viele Evangelien gibt es?

A: 1 | B: 2 | C: 3 | **D: 4**

Quizfragen Stufe 4

Wie heißt ein Bruder von Jesus?

A: Johannes | **B: Jakobus** | C: Josef | D: kein Bruder

Wie viele Schreiber hat die Bibel?

A: 12 | **B: 40** | C: 66 | D: 150

Wie viele Kapitel hat die Bibel?

A: ca. 100 | B: ca. 300 | C: ca. 700 | **D: ca. 1.200**

Mit welchem Buch endet das Neue Testament?

A: 3. Johannesbrief | B: Galaterbrief | **C: Offenbarung** | D: Sacharja

Mit welchem Buch endet das Alte Testament?

A: Maleachi | B: Offenbarung | C: Hosea | D: 2. Könige

Wie viele Bücher umfasst das Alte Testament?

A: 27 | **B: 39** | C: 66 | D: 76

Quizfragen Stufe 5

Welchen Wert hatten die Zauberbücher, die in Ephesus verbrannt wurden (Apg 19,19)?

A: 1.000 Silbergroschen | B: 10.000 Silbergroschen

C: 50.000 Silbergroschen | D: 100.000 Silbergroschen

Seit wann ist die Bibel so zusammengestellt, wie sie uns heute vorliegt?

A: seit 30 n. Chr. B: seit 100 n. Chr. **C: seit 400 n. Chr.** D: seit 1.500 n. Chr.

Welcher Brief wird vermisst?

A: 1. Thadäusbrief B: 2. Jakobusbrief **C: 3. Korintherbrief** D: 4. Johannesbrief

Wer fand die Schriftrolle Codex Sinaiticus?

A: Konstantin Wecker **B: Konstantin von Tischendorf**

C: Martin Luther D: Martin Luther King

Von wem stammt die älteste deutsche bzw. germanische Bibel?

A: Martin Luther **B: Wulfila (4. Jh.)** C: Elberfeld D: Johannes Calvin

Wer schrieb die Offenbarung?

A: Jesus B: Paulus C: Petrus **D: Johannes**

Tipp: Über 800 Quizfragen rund um die Bibel gibt es im Buch "Fragen über Fragen", **BORN**-VERLAG, www.bornverlag.de.

PROGRAMM 7: „1, 2 ODER 3?"

Ziel des Spiels	Die Kinder signalisieren durch ihre Zuordnung zu den Zahlen 1, 2 oder 3, welche der vorgelesenen Schlagzeilen ihrer Meinung nach in der Bibel vorkommt.
Gruppengröße	jedes Kind spielt für sich
Dauer	beliebig
Material	Plakate mit den Zahlen 1, 2 und 3
Spielbeschreibung	Es ist bereits mehrere Jahrtausende her, dass die Bibel geschrieben wurde. Trotzdem passt das, was in ihr steht, genau in unsere Zeit. Manche Überschriften aus der Bibel klingen wie eine Schlagzeile aus der Zeitung von heute. Der Mitarbeiter liest drei der Schlagzeilen (ohne die Angabe der Bibelstelle) vor. Dabei nennt er vor jeder Schlagzeile die entsprechende Zahl. Die Kinder müssen sich für eine der Schlagzeilen (1, 2 oder 3) entscheiden und stellen sich zum entsprechenden Plakat. Variante: Die Kinder signalisieren mit den Armen, welche Schlagzeile ihrer Meinung nach in der Bibel vorkommt: 1 = einen Arm nach oben strecken, 2 = beide Arme nach oben strecken, 3 = beide Arme vor der Brust kreuzen. Idee: Je eine Lichterkette um drei senkrecht gestellte Tische anbringen, jeder Tisch bekommt eine Nummer: 1, 2 oder 3. Hinter den drei Tischen sitzt je ein Mitarbeiter, der den richtigen Tisch leuchten lässt!

Schlagzeilen

1 Der Untergang von Atlantis
2 Der Untergang von Sodom und Gomorra (1. Mose 19,23)
3 Der Untergang von Catan

1 Spendenaufruf für die Erdbebenopfer
2 Spendensammlung für Gemeinden in Afrika
3 Aufforderung zu Spenden und Auftrag an die Handwerker (2. Mose 35,4)

1 Saul besiegt Herodes
2 Stuttgart besiegt Bayern
3 David besiegt Goliat (1. Samuel 17,41)

1 Fröhlichkeit ist gut für die Gesundheit (Sprüche 17,1)
2 Beten ist gut für die Gesundheit
3 Schlafen ist gut für die Gesundheit

1 Übermut tut selten gut
2 Wer anderen eine Grube gräbt... (Sprüche 26,1)
3 Auch ein blindes Huhn findet ein Korn

1 Mach mit bei der Aktion lohnenden Verzicht
2 Genieße das Leben, solange du jung bist (Prediger 11,7)
3 Lerne fleißig, solange du jung bist

1 Krank vor Liebe (Hoheslied 2,4)
2 Krank vor Schuld
3 Krank vor Eifersucht

1 Wiedersehen nach langer Trennung
2 Die Rückkehr der vermissten Tochter
3 Die Heimkehr des verlorenen Sohnes (Jeremia 31,18)

1 Die Umwelt bestimmt das Schicksal der Menschen
2 Jeder Mensch bereitet sich selbst sein Schicksal (Hesekiel 18,19)
3 Das Schicksal steht in den Sternen

1 Daniels Treue wird auf die Probe gestellt
2 Daniels Treue wird belohnt (Daniel 1,8)
3 Daniels Treue wird enttäuscht

1 Im Sturm auf die Probe gestellt (Matthäus 8,23)
2 Ein Testlauf unter härtesten Bedingungen
3 Probefahrt durch Schnee und Eis

1 Hat es Jesus wirklich gegeben?
2 Steht Jesus mit dem Teufel im Bund? (Matthäus 12,22)
3 Neues Interesse an Jesus geweckt

1 Schatz im Silbersee gehoben
2 Schatzsucher machten die Entdeckung ihres Lebens
3 Der versteckte Schatz und die Perle (Matthäus 13,44)

1 Wer ist der Größte? (Lukas 22,24)
2 Wer hat hier zu bestimmen?
3 Ein Vorbild an Bescheidenheit

1 Der Beste soll gewinnen
2 Gemeinsam sind wir stark
3 Rücksicht der „Starken" auf die „Schwachen" (Römer 14,13)

aus: „Die Bibel entdecken", Themen-Mappe 09, Bibellesebund - Abdruck mit freundlicher Genehmigung

PROGRAMM 8: DAS BIBELBÜCHER-DART

Ziel des Spiels	den Inhalt der einzelnen biblischen Bücher näher kennenlernen
Gruppengröße	2 - 25 Kinder (bei wenigen Kindern spielt jedes für sich, sonst gleichgroße Gruppen bilden)
Dauer	30 - 60 Min. (variabel)
Material	Dartscheibe: Vorlage (siehe Seite 110) kopieren bzw. ausdrucken, auf DIN A3 vergrößern und auf eine Styroporplatte kleben; Dartpfeile mit Plastikspitzen; pro Feld ein Spiel oder eine Frage auswählen und das dafür benötigte Material besorgen (siehe Übersicht unten).
Spielbeschreibung	Die Kinder werfen auf eine Dartscheibe, bekommen die Punkte aber nur, wenn sie die entsprechende Aufgabe des getroffenen Feldes schaffen bzw. es bekommt der die Punkte, der das Spiel gewinnt. Man kann das Spiel auch nur mit Fragen spielen, wenn die Kinder sich bereits gut in der Bibel auskennen, oder dagegen viele Actionspiele einbringen, wenn die Kinder noch nicht viel wissen.

Ablauf, Bewertung Teilt die Kinder in Gruppen ein. Bei kleineren Kreisen kann auch jeder für sich selbst spielen. Abwechselnd wirft einer der Gruppe auf die Scheibe. Die getroffene Frage oder Aufgabe wird erledigt. Wird sie geschafft, dann erhält die Gruppe die entsprechenden Punkte (bzw. der Sieger des Wettbewerbs).

Vorlage für die Dartscheibe

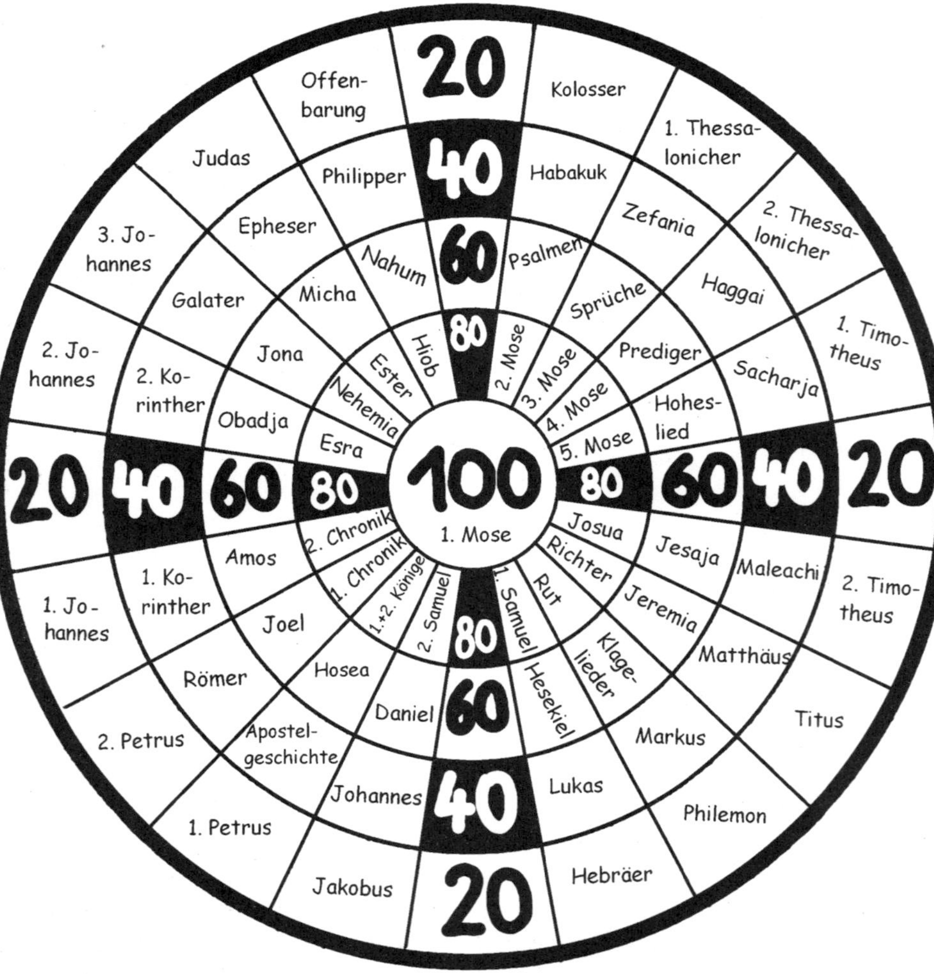

Es folgen Aufgabenvorschläge zu den Feldern. Jede Gruppe kann einen oder mehrere Joker bekommen, sodass die Aufgabe nicht erledigt werden muss. Wählt ggf. eine Aufgabe aus:

1. Mose **100 Punkte** *Äpfel, Schüssel, Trinkgefäße, Wasser, Bausteine*
Was aßen Adam und Eva? *Frucht*
„Sie aßen die Frucht des Baumes" - Apfelwettessen oder Apfel in Wasserschüssel essen ohne Hände
„Sintflut" - Wetttrinken: Wer hat zuerst einen halben Liter Wasser getrunken?
„Turmbau zu Babel" - Wer baut den höchsten Turm aus Klopapierrollen, Chipsdosen o.Ä.?

2. Mose **80 Punkte** *Kekse*
Was war die erste Plage? *Wasser in Blut*
„Auszug" - Staffellauf
„Manna vom Himmel" - Wettessen, z. B. Doppelkekse

3. Mose **80 Punkte** *2 Stühle*
Wie heißt Moses Schwester? *Mirjam*
„Buch der Regeln und Gesetze" - Spiel „Der König befiehlt" (Einer sagt, was alle machen müssen; wer es falsch macht, scheidet aus)
Ja-Nein-Stuhl (siehe Seite 84)

4. Mose **80 Punkte**
Zuerst hatte das Volk die Stiftshütte - und dann? *Tempel*
„Wüstenwanderung" - 40 Kniebeugen machen

5. Mose **80 Punkte**
Wie heißt der Nachfolger Moses? *Josua*
„Rückblick und Wiederholung" - Zungenbrecher wiederholen lassen

Josua **80 Punkte**
Waren Josua und Kaleb Brüder? *nein*
„Eroberung Kanaans" - Überzeugt in 1 Minute den Mitarbeiter, weshalb er euch die Punkte geben soll!

Richter **80 Punkte** *Kreppklebeband*
Wer verlor seine Kraft, als er die Haare geschnitten bekam? *Simson*
Die Richter hatten den Auftrag, Gottes Volk von Feinden zu befreien. „Fesselt" eine Person mit ca. 10 m Kreppklebeband - die gefesselte Person muss ganz schnell alles Kreppband wieder von sich entfernen.

Rut **80 Punkte**
Wie heißt Ruts Mann? **Boas**, Amos oder Noah?

1. Samuel 80 Punkte

Wie hieß der erste König von Israel? *Saul*

Der Mitarbeiter ist der König und befiehlt: Holt einen Kieselstein, eine Klopapierrolle und ein Baumblatt!

2. Samuel 80 Punkte

Wie heißt Davids erste Ehefrau? Ester, **Michal** oder Martha?

Der Mitarbeiter ist der König und befiehlt: Holt ein bisschen Erde, ein Geschirrtuch und einen Handfeger!

1. Könige 80 Punkte

Wie heißt der Nachfolger von König David? *Salomo*

Der Mitarbeiter ist der König und befiehlt: Holt einen Besen, einen Fahrradhelm und ein bisschen Gras!

2. Könige 80 Punkte

Israel teilte sich in ...? *Nord- und Südreich*

Der Mitarbeiter ist der König und befiehlt: Holt eine Gabel, ein Blatt Papier und einen Ast!

1. Chronik 80 Punkte

Was holte David aus den Händen der Philister wieder nach Jerusalem? *Bundeslade*

Der Mitarbeiter ist der König und befiehlt: Holt einen Eimer, einen Kugelschreiber und ein Handtuch!

2. Chronik 80 Punkte

Wer baute den ersten Tempel? *Salomo*

Der Mitarbeiter ist der König und befiehlt: Holt einen Mülleimer, ein (Sitz-)Kissen und einen Zweig!

Esra 80 Punkte

Wer erlaubte dem Volk Israel wieder den Tempel aufzubauen? Pharao, Belsazar oder **Kyros (der König von Persien)**

Esra unterrichtete das Volk im Gesetz - wie lauten mind. 5 der 10 Gebote?

Nehemia 80 Punkte

Was war Nehemia von Beruf? **Mundschenk**, Fischer oder Maurer

Ester **80 Punkte**
Wie heißt Esters Pflegevater? Mose, **Mordechai** oder Matthäus?

Hiob **80 Punkte** *Bonbons*
Als Trostpflaster bekommt die Gruppe die Punkte sofort (und ein Bonbon)
Wie viele Freunde trösteten Hiob nach seinem Unglück? Drei

Psalmen **60 Punkte**
Wie viele Psalmen gibt es? 50, 100 oder **150?**
Die Psalmen wurden oft gesungen - Singt ein Lied! (z. B. das Freizeit- oder Jungscharlied)

Sprüche **60 Punkte**
Wer schrieb das Buch der Sprüche? David, **Salomo** oder Jeremia?

Prediger **60 Punkte**
Wer schrieb das Buch Prediger? Saul, David oder **Salomo**?
„Alles hat seine Zeit" steht im Buch Prediger - schätzt 30 Sekunden ab! Geschafft hat die Gruppe die Aufgabe, wenn die Abweichung weniger als 7 Sekunden beträgt.

Hohelied **60 Punkte**
Wer schrieb das Hohelied? **Salomo**, Ester oder Gideon?

Jesaja **60 Punkte**
Wie hieß der König, der Jesaja für seine Treue ermorden ließ? Ataxerxes, **Manasse** oder Saul?

Jeremia **60 Punkte** *Toilettenpapier*
Zur Zeit Jeremias war Israel in der Gefangenschaft von wem? *Babylonier*
Zwei Gruppen spielen gegeneinander und wickeln je ein Kind aus der Gruppe in Toilettenpapier ein. Wer ist am schnellsten?

Klagelieder **60 Punkte**
Wer schrieb die Klagelieder? Salomo, **Jeremia** oder David?

Hesekiel **60 Punkte**
Was wünschte sich Hesekiel sehr? *Den neuen Tempel*

Daniel **60 Punkte**
Wie viele Männer wurden in den Feuerofen geworfen? *Drei*
Welche Tiere bedrohten Daniel in der Grube? *Löwen*
Löwen - Brüllt wie hungrige Löwen!

Hosea **60 Punkte** *Becher und Wasser*
Hosea war der Minnesänger unter den Propheten. Ein Jungscharlied mit Wasser gurgeln und von der Gruppe erraten lassen.

Joel **60 Punkte**
Im Buch Joel wir eine furchtbare Dürre und eine Tierplage beschrieben. Für Joel bedeutet das, dass Gott sein Volk strafen wird, wenn es nicht auf ihn hört. Um welche Tiere handelt es sich? Blaumeisen, Ameisen oder **Heuschrecken?**

Amos **60 Punkte** *Beutel, Münzen*
Amos ist tief erschüttert, wie die Reichen die Armen behandeln. Auch wir in unserer Welt haben eine Verantwortung den Armen gegenüber, da geht es ähnlich zu. Einen Beutel Münzen zählen oder eine Kopfrechnung. Wer hat am schnellsten das richtige Ergebnis?

Obadja **60 Punkte**
War er ein Apotheker, Dichter oder **Prophet**?

Jona **60 Punkte**
Jona ist vor Gott geflüchtet. Welches Tier hat ihn verschluckt? *Fisch*

Micha **60 Punkte**
Micha lebte in Juda, kurze Zeit bevor es von den Assyern erobert wurde. Auf wen gibt Micha, der Prophet, einen Hinweis? **Jesus, den Messias** oder auf Johannes den Täufer?

Nahum **60 Punkte**
Wie hieß die Stadt, in der die Leute sehr gottlos waren und die zerstört werden sollte? Jerusalem, Babel oder **Ninive**?

Habakuk **40 Punkte**
In seinem Buch klagt der Prophet über die Gewaltherrschaft der Babylonier. Gott erklärt ihm, dass alles zu seinem Plan gehört. Beschreibe in 30 Sekunden das Wort „Gewalt“, ohne die Worte „kämpfen, streiten, schlagen, schießen“ zu verwenden!

Zefania **40 Punkte** *je Gruppe eine Bibel*
Schlagt schnell auf: Wie hieß der Vater von Zefania (Zefania 1,1)? *Kuschi*

Haggai **40 Punkte** *Kartenspiel*
Haggai fordert das Volk zum Wiederaufbau des Tempels auf! Welche Gruppe hat zuerst ein Kartenhaus gebaut?

Sacharja **40 Punkte** *Papier*
Gott schenkte Sacharja mehrere Visionen/Träume über das, was in der Zukunft passieren wird. In einer Vision sah er eine fliegende Schriftrolle. Bastelt schnell einen Papierflieger! (evtl. noch Wettfliegen)

Maleachi **40 Punkte** *zwei Tische*
Das Buch Maleachi bildet die Brücke vom Alten Testament zum Neuen Testament. Bildet zwischen zwei Tischen eine Brücke aus Menschen, damit eine Person von einer Seite zur anderen gelangen kann, ohne den Boden zu berühren!

Matthäus **40 Punkte** *Münzen*
Was war Matthäus von Beruf? Pharisäer, Zolleinnehmer oder **Arzt**?
Zielwurf mit Münzen: Der Mitarbeiter wirft eine Münze, jede Gruppe versucht nun ihre Münze so nah wie möglich zu ihr zu werfen; wer am nächsten dran ist, gewinnt.

Markus **40 Punkte**
Mit welchem Jünger hatte Markus viel zu tun? **Petrus**, Paulus oder Philippus?
Nennt mind. vier Jünger beim Namen!

Lukas **40 Punkte**
Was war Lukas von Beruf? *Arzt*
Das Buch Lukas ist das Evangelium der Freude - erzählt einen Witz!

Johannes **40 Punkte** *Tee, Strohhalme*
Wie viele „Ich-bin-Worte“ überliefert Johannes? *7*
„Hochzeit zu Kana“ - die Gruppe trinkt einen Liter Tee mit Strohhalmen

Apostelgeschichte **40 Punkte**
Wie viele Missionsreisen unternahm Paulus? *Drei und die Reise nach Rom*
Paulus entkommt - wer schafft die längste Kleiderkette?!

Römer **40 Punkte** *Nagel, Hammer, Holzblock*
Wie bezeichnet man den Römerbrief noch? *Die Bibel in der Bibel*
Der Römerbrief trifft mehrfach den Nagel auf den Kopf - schlagt einen großen Nagel in ein Stück Holz!

1. Korinther **40 Punkte**
Wo liegt die Stadt Korinth? **Griechenland**, Türkei, Italien?

2. Korinther **40 Punkte**
In der großen Gemeinde in Korinth ging es richtig rund ... Wer hat zuerst 8 Socken in einer Hand?

Galater **40 Punkte** *Schnur mit einem Knoten*
Die Galater sind durch Jesus von ihren Göttern befreit worden. Wer schafft es zuerst einen Knoten aus einer Schnur zu lösen? Oder Gruppenspiel „Gordischer Knoten"

Epheser **40 Punkte** *Zettel mit Buchstaben des Wortes Versöhnung*
In Ephesus hat Paulus viel darüber erzählt, dass Gott Friede ist und Frieden schenkt. Frieden geschieht durch **Versöhnung**: Die Buchstaben einzeln auf Zettel schreiben. Wer hat das Wort als Erstes herausgefunden?

Philipper **40 Punkte**
In Philippi lebt Paulus den Menschen viel von der Freude vor. Freut euch, sagt er ihnen. Erzählt einen Witz!

Kolosser **20 Punkte** *Bauklötze o. Ä., Kiste*
In Kolossä entstand auch eine christliche Gemeinde. Doch Leute brachten die jungen Christen mit falscher Lehre durcheinander. Wer hat z. B. eine Kiste Holzklötze (oder andere Gegenstände) am schnellsten wieder sortiert, nachdem sie verstreut und durcheinander ausgeschüttet wurden?

1. Thessalonicher **20 Punkte**
Die Thessalonicher wurden verfolgt, nachdem sie Christen wurden.
Kurzes Katz-und-Maus-Spiel: Schafft die Maus es, 1 Min. nicht erwischt zu werden?

2. Thessalonicher **20 Punkte**
Die Thessalonicher hatten viele Fragen an Paulus, weil er nur kurz bei ihnen war. Nennt 5 von den 10 Geboten!

1. Timotheus **20 Punkte** *Tisch*
Wie Timotheus können wir lernen für andere da zu sein?
Armdrücken - der Gewinner bekommt die Punkte.

2. Timotheus **20 Punkte**
Wir können wie Timotheus als Botschafter der guten Nachricht tätig sein. Sagt einen Bibelvers auf!

Titus **20 Punkte** *je Mannschaft 1 Tischtennisball, 1 Teelöffel*
Titus muss sehr mutig sein, weil er für die Gemeinden auf der Insel Kreta plötzlich die gesamte Verantwortung hat. Staffellauf: transportiert einen Ball auf einem Teelöffel. Welche Mannschaft ist am schnellsten?

Philemon **20 Punkte**
Wer war Onesimus für Philemon? Gärtner, **Sklave** oder Koch?

Hebräer **20 Punkte**
Die Hebräer hatten viele Fragen: Reicht es wirklich aus, auf Jesus zu vertrauen? Der Schreiber des Briefes schreibt über Jesus und stellt ihn vor. Vertrauensfall: Einer lässt sich vom Tisch rückwärts runterfallen, alle anderen stehen in zwei Reihen und fangen ihn auf.

Jakobus **20 Punkte** *Geschichte*
Jakobus sind die Taten als Ausdruck des Glaubens wichtig. Eines seiner Themen ist Wahrheit und Lüge. Eine kurze Begebenheit/Geschichte erzählen: Ist sie wahr oder gelogen?

1. Petrus **20 Punkte**
Was war Petrus von Beruf? Zimmermann, **Fischer** oder Mundschenk?

2. Petrus **20 Punkte**
Petrus spricht in seinen 2 Briefen über die Hoffnung, die Jeder Christ hat. Spiel: Eine Runde „Schere, Stein, Papier"!

1. Johannes **20 Punkte** *Streichhölzer, Wasserschüssel*
In allem, was Johannes schreibt, hat er Jesus vor Augen als das Licht! Spiel: Wer kann ein Streichholz am längsten in der Hand brennen lassen, ohne sich zu verbrennen? (Wasserschüssel dazustellen!)

2. Johannes **20 Punkte** *Papier, Stifte*
In allem, was Johannes schreibt, hat er Jesus vor Augen als die Liebe! Spiel: Wer hat in 30 Sekunden die meisten Herzchen auf ein Blatt Papier gemalt?

3. Johannes **20 Punkte** *Luftballons*
In allem, was Johannes schreibt, hat er Jesus vor Augen als das Leben! Spiel: Luftballon aufblasen, bis er platzt.

Judas **20 Punkte** *Beutel, Gegenstände*
Wer sich eindeutig zu Jesus stellt, der wird auch merken, dass Gott sich eindeutig zu ihm stellt. Das will Judas: Klarheit! Spiel: Gegenstände in einem Beutel erkennen.

Offenbarung **20 Punkte** *Überraschungseier*
Offenbaren bedeutet enthüllen! Packe ein Überraschungsei nur mit dem Mund aus!

PROGRAMM 9: DIE BIBEL-RALLYE (BRETTSPIEL)

Ziel des Spiels	Die Gruppen würfeln ihre Figur ins Ziel, lernen dabei kurz viele biblische Bücher kennen und erledigen kleine Aufgaben
Gruppengröße	2 bis 4 Gruppen mit je 4 bis 8 Kindern
Dauer	60 Min.
Material	Für ein kurzes Spiel den Spielplan von Seite 39 / für ein langes Spiel kann ein beliebiger eigener Spielplan erstellt werden, z. B. aus den biblischen Büchern von Seite 120/121; zwei Würfel, je Mannschaft/Person eine Spielfigur, Material für die Aufgaben (siehe Programm 8, Seite 109).
Spielbeschreibung	Eine Gruppe beginnt und würfelt mit zwei Würfeln gleichzeitig. Das Würfelergebnis wird auf dem Spielplan nach vorn gezogen. Die Aufgabe des Feldes, auf dem sie landet, muss erledigt werden, dann ist die nächste Gruppe an der Reihe. Wer zuerst die Ziellinie überquert, hat gewonnen. Als Aufgaben können die Aufgaben und Fragen von Programm 8, Seite 109, verwendet werden. Jede Aufgabe wird nur einmal durchgeführt. Kommt eine Gruppe auf ein Feld mit einer bereits erledigten Aufgabe, darf die Gruppe weiter vorrücken bis zum nächsten unerledigten Feld und dann diese Aufgabe meistern.
Bewertung	Spielen die anderen Gruppen bei einer Aufgabe mit, darf der Sieger solcher Aufgaben als Belohnung sieben Felder nach vorn gehen.

TEIL E
KREATIVES RUND UM DIE BIBEL

KREATIVES 1: „BIBELIOTHEK“ BASTELN

Um die einzelnen biblischen Bücher und den Aufbauf der Bibel besser kennenzulernen, hilft z. B. eine „Bibeliothek“ bzw. verschiedene Spiele damit. Eine „Bibeliothek“ ist ein Bücherregal für die biblischen Bücher.

Material: Fotokarton oder Streichholzschachteln und Bastelpapier oder Holzstückchen (je Bastler 66 Stück), Stifte, Kleber, Schere

Ablauf: Jeder Bastler benötig 66 Karten aus Fotokarton oder Streichholzschachteln oder Holzstückchen. Besonders gut eignen sich Streichholzschachteln, um die man buntes Bastelpapier klebt, da diese nicht nur vorn, sondern auch auf dem Rücken beschriftet werden können. Diese Schachteln kann man dann tatsächlich in ein Regal stellen, das man zum Beispiel aus einem Schuhkarton bastelt.
Alternativ kann man auch Holzstückchen beschriften oder Karten aus Fotokarton ausschneiden. Auf Fotokarton kann auch die Vorlage (siehe Seite 120/121) vergrößert kopiert bzw. ausgedruckt werden.

Biblische Bücher Altes Testament

1. MOSE	1. KÖNIGE	PREDIGER	OBADJA	RICHTER	AMOS
2. MOSE	2. KÖNIGE	HOHELIED	JONA	RUTH	HAGGAI
3. MOSE	1. CHRONIK	JESAJA	MICHA	1. SAMUEL	SACHARJA
4. MOSE	2. CHRONIK	JEREMIA	NAHUM	2. SAMUEL	MALEACHI
5. MOSE	ESRA	KLAGE-LIEDER	HABAKUK	ESTER	
JOSUA	NEHEMIA	HESEKIEL	ZEFANJA	HIOB	
PSALMEN	SPRÜCHE	DANIEL	HOSEA	JOEL	

Biblische Bücher Neues Testament

MATTHÄUS	RÖMER	1. THESSALO-NICHER	2. PETRUS	OFFEN-BARUNG
MARKUS	1. KORINTHER	2. THESSALO-NICHER	1. JOHANNES	
LUKAS	2. KORINTHER	PHILEMON	2. JOHANNES	
JOHANNES	GALATER	1. TIMOTHEUS	3. JOHANNES	
APOSTEL-GESCHICHTE	EPHESER	2. TIMOTHEUS	HEBRÄER	
	PHILIPPER	TITUS	JAKOBUS	
	KOLOSSER	1. PETRUS	JUDAS	

KREATIVES 2: KOCHDUELL UND ANDERE BIBLISCHE LECKERBISSEN

1. Miteinander essen, das kann schön sein

Wenn das die Kinder in der Jungschar mitbekommen und dadurch ein wenig zur Ruhe kommen und Gemeinschaft untereinander erleben, dann können sie das in ihre tägliche Wirklichkeit mitnehmen. Außerdem können die Kinder beim Essen immer wieder an die Zusage Jesu erinnert werden, die er Zachäus gab und die jedem gilt, der mit Jesus lebt: „Heute hast du mit deiner ganzen Familie die Rettung erfahren" (Lukas 19,9). Gott hat dich angenommen.

2. Bibelfrühstück veranstalten

Das Bibelfrühstück kann z. B. am Samstagvormittag stattfinden. Gemeinsam trifft man sich zum Frühstück. Schon ein fürstliches Frühstück mit frischen Brötchen und Kakao macht eine gemütliche Atmosphäre, in der man sich gegenseitig von dem Erlebten der vergangenen Woche erzählen kann. Anschließend ist Platz für verschiedene Ideen: ein gemeinsames Lied, einen Psalm, ein Gebet, man geht in kleine Gruppen und liest einen Bibeltext und betet mit- und füreinander ...

3. Jakob und Esau

Wir kochen zusammen Linsen. Während das Essen auf dem Herd kocht (unter Bewachung eines Mitarbeiters), machen die Kinder noch ein paar Spiele, zum Beispiel:

- Linsen in einem Glas schätzen
- Linsen einsammeln, die ein Mitarbeiter vorher im Raum verstreut hat. Wer hat innerhalb einer bestimmten Zeit die meisten gesammelt?
- Geschwisternamen ergänzen. Immer ein Name eines bekannten Geschwisterpaares fehlt. Versuche, ihn zu erraten!
  Beispiele: Max und ...? Peter und ...? Hänsel und ...? Rahel und ...?

Es folgt das gemeinsame Essen des Linsengerichts. Im Anschluss an das Essen wird die Geschichte z. B. aus der Sicht von Jakob erzählt (1. Mose 27,1-28).

4. Stationenlauf quer durch die Küche

- Kartoffelschälen
- Apfeltauchen
- Gewürzeriechen
- „Versucher-Quiz": Mund auf, Augen zu!
- Pudding blind füttern
- Kirschkernweitspucken
- Wetttrinken

5. Speise-Mix

Es werden Behauptungen aufgestellt und die Mitspieler müssen entscheiden, ob sie richtig oder falsch sind. Varianten:

- Als Staffelspiel z. B. mit einem Ja-Nein-Stuhl
- Als Gruppenspiel: Jede Gruppe einigt sich auf eine Antwort

Behauptungen	**Lösung**
Esau verkaufte sein Erstgeburtsrecht für einen Teller Linsen.	richtig
Jesus speiste 5.000 Menschen mit 20 Broten und 50 Fischen.	falsch (5 Brote, 2 Fische)
Jesus verwandelt bei der Hochzeit zu Kanaa Wasser in Milch.	falsch (Wein)
Der König von Salem bewirtete Abraham mit Brot und Wein.	richtig
Im Tempel fanden sich 12 Schaubrote.	richtig
Gott speiste das Volk Israel in der Wüste mit Namma.	falsch (Manna)
Jesus verglich das Reich Gottes mit einem Senfkorn.	richtig
Die Freunde Jesu aus Emmaus erkannten den Auferstandenen an der Art, wie er das Brot zerteilte.	richtig
Jesus verglich die Christen mit Zucker.	falsch (Salz)
Jesus wurde am Kreuz ein Schwamm mit Essig gereicht.	richtig
Eva pflückte verbotenerweise im Paradies einen Apfel.	falsch (Frucht vom Baum der Erkenntnis)
Der Kundschafter Josua brachte aus dem verheißenen Land eine riesige Bananenstaude mit.	falsch (Weintraube)
Gott versorgte die Israeliten in der Wüste mit Wachtelfleisch.	richtig
Die Israeliten haben in Ägypten Knoblauch gegessen.	richtig (4. Mose 11,5)
Beim Abendmahl werden Brot und Wein gereicht.	richtig

6. Spaghetti mit Hindernissen

Normale Spaghetti mit Tomatensoße kochen. Gegessen wird aber nicht mit großem Löffel oder Gabel bzw. Messer, sondern mit Kuchengabeln und Kaffeelöffeln. Der Hunger wird dabei zwar etwas langsamer gestillt, aber es macht großen Spaß! Vielleicht lässt sich das Ganze auch mit einer Andacht über „Nimm den Mund nicht zu voll" o.Ä. verbinden.

7. Fitnessriegel für heiße Jungscharstunden

Zutaten für ein Blech Müsliriegel: 100 g Butter, 200 g Honig, 1/2 TL Salz, 125 g kernige Haferflocken, 125 g zarte Haferflocken, 4 EL Kokosflocken, 4 EL Sonnenblumenkerne, 2 EL Sesam, 50 g gemahlene Mandeln

Butter, Honig und Salz in einen großen Topf geben und bei schwacher Hitze zergehen lassen, gelegentlich umrühren. Haferflocken, Kokosflocken, Sonnenblumenkerne, Sesam und

Mandeln dazugeben, vermischen und von Hand durchkneten. Das Backblech mit Papier auslegen, die Masse darauf zu einer 1 cm dicken Platte fest drücken. Im nicht vorgeheizten Ofen bei 160°C ca. 25-30 Minuten backen. Nach dem Abkühlen Papier abziehen und die gebackene Masse in Riegel schneiden.

8. Bibelkuchen

Ein Rezept, das ausschließlich in den einzelnen Bibelversen zu finden ist!

1,5 Tassen Richter 5,25 (3. Angabe)
2 Tassen Richter 14,14
6 Stück Hiob 39,14
0,5 Tassen 1. Korinther 3,2
1 Prise Matthäus 5,13
2 Tassen 1. Samuel 30,12 (2. Angabe)
2 Tassen Nahum 3,12
1 Tasse 4. Mose 17,23
4,5 Tassen 1. Könige 5,2
2 Teelöffel Backpulver

Wir haben nun Römer 11,16.
Weiter dann Matthäus 20,12 in Hosea 7,4 (ca. 50-60 Minuten).

KREATIVES 3: PAPIER SELBST HERSTELLEN

Material

- altes Papier (z. B. Zeitungen, Fehldrucke usw.)
- Mixer oder Pürierstab
- Schöpfrahmen mit feinem Sieb oder Drahtgeflecht (Gitterabstand ca. 1 cm), Moskitonetz und wasserfestes Klebeband (s.u.)
- Wanne (z. B. Wäschekorb)
- Baumwollstoff (z. B. altes Bettlaken, Geschirrtuch)
- Schwamm
- Wasser

Schöpfrahmen bauen

Der Schöpfrahmen ist neben dem Papier das wichtigste Utensil bei der Papierherstellung. Man kann ihn im Bastelgeschäft fertig kaufen - oder einfach selbst bauen: Schneide aus dem Drahtgeflecht ein Stück aus, das etwas größer als ein DIN-A4-Blatt ist. Schneide ein ebenso großes Stück aus dem Moskitonetz heraus. Mit dem wasserfesten Klebeband klebst du nun die Ränder zusammen, sodass das Gitternetz und das Moskitonetz fest zusammenhalten.

Papiergemisch herstellen

Nimm den Mixer (oder einen Pürierstab) und füll ihn zu zwei Drittel mit warmem Wasser. Dann reißt du das Papier in kleine Fetzen. Ggf. eine bestimmte Farbe hinzufügen, wenn das Papier diese später haben soll. Die Papierfetzen kommen in kleinen Portionen in den Mixer. Achtung: Das Papier wird später heller sein als das nun entstehende Papiergemisch! Mix das Papier so lange, bis keine groben Stücke mehr zu sehen sind. Das durchgemixte Papiergemisch - insgesamt drei Mixerfüllungen - kommt dann in die Wanne. Anschließend gibst du noch einen vollen Becher warmes Wasser dazu. Das Gemisch immer wieder umrühren!
Wichtig: Die Konsistenz des Papiergemischs bestimmt die Struktur des selbstgemachten Papiers. Je gröber die Papierstückchen im Gemisch sind, desto rauer wird die Struktur des Papiers.

Papier mit dem Sieb schöpfen

Nun nimmst du das Sieb und tauchst es im 45-Grad-Winkel in die Wanne ein. Tauch das Sieb ganz in das Papiergemisch ein und heb es immer wieder mit leicht rüttelnden Bewegungen aus dem Wasser, damit sich nach und nach mehr Papier auf dem Sieb sammelt. Wenn du ein schönes Papier auf dem Sieb hast, hebst du es ganz vorsichtig aus dem Wasser heraus. Lass das überschüssige Wasser abtropfen, indem du das Sieb etwas schräg hältst. Dann eine Kante des Siebs auf das vorbereitete Baumwolltuch setzen und vorsichtig kippen, und zwar so weit, dass das Papier das Tuch komplett berührt. Mit dem Schwamm vorsichtig von oben auf das Sieb drücken, um dem Papier zusätzliches Wasser zu entziehen. Schließlich das Sieb ganz vorsichtig entfernen, damit das frische Papier nicht zerreißt.
Über das fertige Blatt legt man am besten eine dünne Schicht Zeitungspapier, dann eine Lage Tuch und darauf wieder ein fertiges Blatt. Nach vier bis fünf Blättern sollte man frisch gemixtes Papier nachfüllen, damit das Gemisch nicht zu dünnflüssig wird.
Wichtig: Das restliche Papiergemisch am Ende nicht in den Ausguss schütten, sondern aus dem Wasser herausholen und in den Müll geben!

Papier pressen und trocknen

Die fertigen Papierstapel legt man nun auf den Boden (idealerweise auf Fliesenboden) und dann ein dickes Brett darauf. Steigt man auf das Brett, kann man mit dem eigenen Gewicht das noch überschüssige Wasser aus dem Papier drücken.
Die einfachste Methode, das Papier zu trocknen, ist es auf dem Tuch in einem gut ventilierten Raum trocknen zu lassen. Das Papier ist dann eher rau. Wer feines Papier haben möchte, klebt das noch feuchte Papier an eine Glasscheibe und lässt es dort trocknen.

KREATIVES 4: EINE SCHRIFTROLLE BASTELN

Material für jedes Kind

- ein längliches Blatt aus Büttenpapier, Elefantenhaut oder anderes Papier
- 2 Holzstäbe, die etwas länger sind als die Schmalseite des Papieres
- 4 Holzkugeln mit Loch (passend zu den Stäben)
- 1 bunter Faden oder Kordel
- Klebstoff
- Filzstifte oder Fineliner

Die beiden schmalen Seiten werden um jeweils einen Holzstab geklebt. An die Enden der Stäbe werden die Holzkugeln gesteckt und festgeklebt.
Das Papier kann nun mit Bibelversen beschrieben werden. Nun wird die Schriftrolle auf die beiden Holzstäbe aufgerollt und mit dem Faden zusammengebunden.

KREATIVES 5: SANDKARTEN, LESEZEICHEN, BIBELUMSCHLÄGE

Sandkarten

Material: Zeitungspapier, Tonkarton in Postkartengröße, feiner bunter Dekorationssand, evtl. Quarzsand aus dem Bastelgeschäft, doppelseitiges Klebeband, Schere

Zur Verarbeitung muss die Karte unbedingt auf einen großen Bogen Zeitungspapier o.Ä. gelegt werden. Aus dem doppelseitigen Klebeband werden die Formen geschnitten, die man gern haben möchte: Blütenblätter, Ovale, Streifen, Figuren und Formen aller Art. Diese werden nun auf die Karte aufgeklebt (die obere Folie wird noch nicht entfernt!). Man kann daraus Ornamente, Muster oder Landschaften gestalten. Es muss noch Platz für den Text freibehalten werden! Vor der Weiterverareitung muss nun der Text auf die Karte geschrieben werden. Dann zieht man die Folien von den Formen ab, die mit dem hellsten Sand bestreut werden sollen. Der Sand wird großzügig darüber gestreut und mit den Fingern vorsichtig festgestrichen. Der überschüssige Sand wird wieder zurück ins Döschen geschüttet. Nun werden die Folien abgezogen für die nächste Farbe und ebenso verfahren wie oben. Das setzt sich so lange fort, bis alle Klebeflächen abgezogen und bestreut sind.

Bibel-Lesezeichen

- Lesezeichen aus Fotokarton ausschneiden und bekleben
- beschriften mit Bibelvers(en)

- als Sandkarten basteln, anschließend laminieren
- mit Serviettentechnik gestalten
- breites Stoffband schneiden in folgender Länge: Höhe der Bibel x 2,5; beide Enden des Bandes durch eine Holzkugel stecken, dann an jedes Ende je noch eine kleine Holzkugel einfädeln und einen Knoten ganz am Ende des Bandes machen, damit die kleinen Kugeln halten

Bibelumschläge

- Bibeleinband aus Papier mit Serviettentechnik oder Stempeln gestalten
- Future-Look: mit Alufolie einbinden
- mit Geschenkpapier einbinden
- mehrere Ritter-Sport-Verpackungen oder andere Folien aneinanderkleben und damit die Bibel einbinden

Tipp: Als äußere Schicht eine durchsichtige Folie nehmen, damit der Umschlag lange hält.

Tipp: Einen tollen Bibelumschlag aus Jeansstoff findest du ausführlich beschrieben im Buch „Kids Kreativ - Feste feiern“, **BORN**-VERLAG, www.bornverlag.de.

TEIL F
WEITERE IDEEN ZUR BIBEL

IDEE 1: DAS BIBELGEDICHT AUSWENDIG LERNEN

Ein alter Merkvers für die Reihenfolge der biblischen Bücher:

„In des Alten Bundes Schriften merke dir an erster Stell:
Fünf von Mose, Josua und Richter, Ruth und zwei von Samuel.
Zwei der Könige, Chronik zwei; Esra, Nehemia, Ester mit,
Hiob, Psalmen, dann die Sprüche, Prediger und Hohes Lied.
An Jesaja, Jeremia, Klagelieder schließt Hesekiël, Daniel an,
dann Hosea, Joël, Amos, Obadja, Jona mit dabei,
Micha, welchem Nahum folget, Habakuk, Zefanja,
dann Haggai, Sacharja und zuletzt Maleachi.

In dem Neuen stehen Matthäus, Markus, Lukas und Johannes
samt der Taten der Apostel unter allen vorne an.
Dann die Römer, zwei Korinther, Galater und Epheser,
die Philipper und Kolosser, beide Thessalonicher.
Zwei Timotheus und Titus, Philemon, dann Hebräer
und Jakobus, Petrus zwei, Johannes drei, Judas Brief dabei.
Endlich schließt die Offenbarung das gesamte Bibelbuch.
Mensch gebrauche, was du liest, dir zum Segen, nicht zum Fluch."

nach M. Georg Ernst Göz, Pfarrer an der Leonhardskirche Stuttgart um 1800

Idee 2: Lieder zum Thema „Bibel"

Es gibt mehrere coole Lieder zum Thema Bibel. Hier eine kleine Auswahl:
- „Die B-I-B-E-L"
- „Ich stehe fest auf dem Fels"
- „Wie kann ein Junge seinen Weg unsträflich gehen?"
- „Wir glauben, was die Bibel sagt"
- „Jeden Morgen warte ich auf dich"
- „Für Gottes Wort"
- „Hast du den rechten Kurs für dein Leben"
- „Lies die Bibel, bet jeden Tag"
- CD „Ich bin ein Bibelfan" von Daniel Kallauch: „Ich bin ein Bibelentdecker", „Ich bin ein Bibelfan", „Die Bibel ist ein Schatz", „Superbuch", „Bibelbücher"
- CD „Bibelverse singend lernen" von Danny Plett: „Dein Wort", „Himmel und Erde"

Idee 3: Merkverse mit Freude auswendig lernen

„Hört also gut zu, und tut, was der Herr euch sagt! Der Herr ist unser Gott, der Herr allein. Ihr sollt ihn von ganzem Herzen lieben, mit ganzer Hingabe, mit all eurer Kraft. Bewahrt die Worte im Herzen, die ich euch heute sage! Prägt sie euren Kindern ein! Redet immer und überall davon, ob ihr zu Hause oder unterwegs seid, ob ihr euch schlafen legt oder aufsteht" (5. Mose 6,4-7).

Warum ist das Lernen von Bibelversen sinnvoll?

- Auf Gottes Worte ist für immer Verlass (Jesaja 40,8; 1. Petrus 1,25)
- Gottes Worte helfen im Alltag, z. B. in schönen und schweren Situationen (Psalm 73,23; Psalm 23)
- Gottes Worte haben Kraft (Lukas 1,37)
- Gottes Worte prägen mein Gewissen (Hebräer 4,12)
- Gottes Worte verändern mein Leben (5. Mose 32,46.47; Jesaja 55,10.11)
- Die Kinderstunden- und Jungscharzeit ist eine tolle Chance Bibelverse zu lernen, die die Kinder ihr Leben lang begleiten werden (5. Mose 6,7)
- Bis jetzt haben wir noch die Möglichkeit, in Freiheit die Bibel zu lesen, das ist allerdings nicht in jedem Land der Welt der Fall ...

„Alle Bücher, die ich gelesen habe, haben mir nicht den Trost gegeben, den mir die Worte der Bibel gaben: ‚Der Herr ist mein Hirte, mir wird nichts mangeln.'" Immanuel Kant

Wichtig ist, dass Bibelverse spielerisch gelernt werden. Es darf nicht das Lernen, die Leistung usw. im Vordergrund stehen, sondern der Wert dieser Worte soll die Kinder begeistern.

Wie können wir Bibelverse mit den Kindern lernen?

1. Lerne regelmäßig Bibelverse!
2. Die Auswahl der Verse richtet sich nach dem Alter und dem Verständnis der Kinder.
   Vorschulkinder: Teile eines Verses (z.B. Lasst die Kinder zu mir kommen.)
   Kinderstunde: kurze Verse über 2-4 Kinderstunden
   Jungschar: Verse über mehrere Stunden verteilt
   Bei großer Altersspanne: Die Kleinen lernen einen Teil, die Älteren den ganzen Vers
3. Beginne nicht mit „Wir lernen jetzt einen Bibelvers!“, sondern mit der Zusage Gottes.
4. Sei selbst überzeugt von der Wichtigkeit des Lernens.
5. Wechsle häufig die Methode des Lernens.
6. Lerne den Vers dann, wenn er organisch in den Stundenablauf passt.
7. Wechsle häufig den Zeitpunkt des Lernens.
8. Gib einen Anreiz zum Lernen von Bibelversen.
9. Nutze die Möglichkeit, Zimmerdekoration mit Bibelversen herzustellen (Mobiles ...).

Die Illustration von Bibelversen

- Bewegungen
- Bilder, Comicfiguren zu einzelnen Versabschnitten
- Lied, Rap
- Wortstreifen
- einzelne Worte durch Symbole ersetzen
- Luftballons mit Wörter versehen
- Gegenstände
- Rätsel
- Bastelarbeiten: Mobile, Bibelvers mit Feder und Tinte auf Pergament schreiben, Geheimschrift mit Orangensaft - nachher mit Bügeleisen sichtbar machen
- Pantomime

Das Wiederholen von Bibelversen

Wiederhole regelmäßig!
Wiederhole nach größeren Einheiten (z. B. in Form eines Festes)!
Wiederhole spielend mit den Kindern!

Möglichkeiten zur Wiederholung in der Jungschar

- „Tic-Tac-Toe“ oder „Vier gewinnt“ - bei jedem richtigen Wort oder Satzteil darf ein Kreuz gesetzt oder ein Stein eingeworfen werden.
- „Packesel“: Reihum darf pro Wort ein Kind ein Streichholz auf eine Flasche legen.
- „Daumen rauf - Daumen runter“: Fehler in Verse einbauen, Kinder zeigen mit geschlossenen Augen, ob der Vers richtig ist oder falsch.

- „Bibelmemory“: Wenn mehrere Bibelverse wiederholt werden, werden aus jedem Bibelvers drei Karten/Teile gemacht. Die Kinder müssen wie beim Memory die zusammengehörenden Karten herausfinden. Ihr könnt auch denselben Vers mehrmals auf mehrere Kärtchen drucken/schreiben und dieses Spiel spielen (z.B. einen Bibelvers in vier Teile aufteilen und jedes Teil gibt es fünfmal).
- „Bibelmemory 2“: Zwei Plakatkartons mit jeweils z. B. 12 „Taschen“, auf den Taschen des einen Kartons stehen die Zahlen von 1-12 (kommt darauf an, wie viele Bibelverse ihr habt), auf dem anderen A-L. In den Taschen werden Zettel mit den Bibelversen gesteckt, in den Taschen mit den Buchstaben stecken die Zettel mit der jeweiligen Bibelversstelle (Beispiel: ein Kind sagt „1“ → Zettel mit dem Text „Solange die Erde steht, wird nicht aufhören Saat und Ernte, ...“ kommt heraus, dann sagt es den Buchstaben „D“ → Zettel mit „1. Mose 8,22“ → Treffer versenkt)!
- Fehler in den Vers einschmuggeln
- „Montagsmaler“: Den Vers Stück für Stück zeichnen und die einzelnen Wörter/Tätigkeiten erraten lassen
- „Kartoffelrennen“: Jeder sagt ein Wort des Merkverses und gibt anschließend eine Kartoffel an seinen Sitznachbarn weiter. So geht es ein paar Runden, bis der Vers 3- bis 4-mal aufgesagt wurde.
- „Bibelstellenjagd“: Auf dem Gelände werden Bibelstellen versteckt.
- „Bibelvers-Pingpong“: Ein Mitarbeiter sagt ein Wort, Kinder antworten mit dem zweiten Wort des Verses, so geht es hin und her ...
- „Bibelvers-Timing“: Kinder sagen in einer bestimmten Zeit den Bibelvers auf.

IDEE 4: BIBELANSTREICHSYSTEM

Ein Ziel unserer Jungschararbeit könnte sein, dass Kinder in ihrer eigenen Bibel wirklich zuhause sind. Dazu brauchen sie zuerst einmal eine eigene Bibel, in die sie schreiben und malen können. Um in der Bibel Wichtiges anzustreichen, braucht es ein System. Eine Möglichkeit wäre zum Beispiel:

Rot	= Aussagen über Gott, wie Gott ist oder allgemein Wichtiges
Grün	= Gottes Versprechen und Verheißungen
Blau	= Herausforderungen, Anweisungen und Gebote, damit mein Leben gelingt
Orange	= herausfordernde und positive Beispiele, denen ich es gleichmachen will
Schwarz	= Warnungen und Verbote, die es unbedingt zu beachten gilt

IDEE 5: GEHEIMSPRACHE LERNEN

siehe Andacht 8: Geheimsprache lernen, Seite 56

TEIL G
HIGHLIGHTS FÜR DIE JUNGSCHAR

HIGHLIGHT 1: BIBEL-HAT-BISS-JUNGSCHAR-ÜBERNACHTUNG

Beginn für die Kinder am Samstagnachmittag gegen 16 Uhr.
Die Eltern werden zum Gottesdienst am Sonntagmorgen eingeladen.
Ende der Übernachtung nach dem Gottesdienst am Sonntag.

Ziele für diese Übernachtung

- Die Eltern der Kinder kommen (hoffentlich) auch in den Gottesdienst!
- Die Jungschargruppe kommt im Gottesdienst vor!
- Die Kinder ...
  ... bekommen ihre eigene, neue Bibel überreicht!
  ... erleben und lernen konkret, wie man täglich in der Bibel lesen kann!
  ... bekommen eine Bibellesehilfe, zum Beispiel „Bibel - fertig - los!“ (Deutscher EC-Verband) oder „Guter Start“ (Bibellesebund)!
  ... wachsen als Gruppe zusammen!
  ... erleben ein tolles gemeinsames Wochenende!

möglicher Ablauf

16:00 - 17:30 Uhr	Geländespiel 4: „Die große Bibeljagd“, siehe Seite 92
18:00 - 18:30 Uhr	Abendessen

	anschließend gemeinsam aufräumen und spülen
19:30 - 21:00 Uhr	Jungschar-Bibel-Party - siehe Highlight 2, unten
21:30 - 22:30 Uhr	Nachtwanderung/Nachtgeländespiel
	evtl. noch etwas Besonderes im Haus machen (je nach Alter)
8:00 - 8:15 Uhr	gemeinsame Stille Zeit (kurz und knackig gestalten als Appetithäppchen für die, die noch nicht morgens persönlich in der Bibel lesen)
8:20 - 8:50 Uhr	Frühstück
	anschließend gemeinsam aufräumen
10:00 Uhr	gemeinsamer Besuch des Vormittagsgottesdienstes mit Bericht vom Wochenende für die Gemeinde: Bilder, Kinder kurz erzählen lassen, was los war, Lied singen, z. B. „Ich bin ein Bibelentdecker"
	anschließend holen die Eltern die Kinder ab
oder	parallel zum Gottesdienst ein eigenes Programm wie eine Jungscharstunde: Andacht 4, Seite 35: Singen, Andacht, (Bibel-)Spiele, gemeinsam aufräumen, anschließend Ende der Übernachtung.

HIGHLIGHT 2: JUNGSCHAR-BIBEL-PARTY (MIT PERSÖNLICHER BIBELÜBERREICHUNG)

Nachdem ihr eure Kids neugierig auf die Bibel gemacht habt, könntet ihr eine Jungschar-Bibel-Party veranstalten, bei der jedes Kind viellelicht auch persönlich eine Bibel überreicht bekommt. Nehmt euch für die Vorbereitung dieses speziellen Festes (zum Beispiel an einem Abend bei einer Jungschar-Übernachtung, siehe Highlight 1, Seite 132) auch als Team wirklich Zeit. Dekoriert den Raum - eurer Phantasie sind keine Grenzen gesetzt!

Elemente bei so einem Fest können sein:

- Türsteher, der die Tickets (Einladungen) abreißt und evtl. den Eintritt kassiert.
- Begrüßung mit einem Bibel-Cocktail mit Früchten aus der Bibel (z. B. der Cocktail des kleinen Mannes - Zachäuscocktail, Königlicher Cocktail - Davidcocktail, Der Daniel-in-der-Löwengrube-Cocktail usw.)
- Bibel-Quiz: Faszinierendes rund um die Bibel (siehe ab Seite 13)
- Feierliche Bibelübergabe
- Einzelfotos (z.B. jedes Kind mit seiner Bibel, dieses Foto dann in die Bibel einkleben) und ein Gruppenfoto
- Große Party-Pizza als Überraschung

Die Kids sollen so richtig Lust auf die Bibel bekommen, frei nach Psalm 34,9: „Schmecket und sehet, wie freundlich der Herr ist. Wohl dem, der auf ihn vertrauet!" (siehe z. B. Input 4, Seite 71).

Höhepunkt des Festes ist die feierliche Übergabe der eigenen Jungschar-Bibel. Jeder bekommt seine persönliche Bibel. In die Bibel könnt ihr die Bibelkarte (Kopiervorlage unten) einkleben. Ebenso könnt ihr als Mitarbeiter jedem Kind noch eine persönliche Widmung, einen Wunsch oder einen Lieblingsbibelvers hineinschreiben.
Die Kids sollen neugierig werden und sich fragen: „Was steckt denn eigentlich in diesem dicken Buch?“ Schön wäre es, wenn die Kinder jede Woche ihre eigene Bibel mit in die Jungschar bringen.

Tipp: Setzt jede Woche in der Jungschar auch die Bibel ein und gebt den Kindern die Gelegenheit, in ihrer Bibel zu lesen oder eine Stelle aufschlagen dürfen.
Ein weiterer Anreiz könnte sein, wenn ihr ab und zu einen besonderen Stempel oder Aufkleber für die freien Seiten vorn und hinten verteilt. So kann die Bibel mitwachsen und zu einem Programm- und Erinnerungsbuch werden.

Kopiervorlage Bibelkarte (rechts kann ein persönlicher Vers o.Ä. eingefügt werden)

MEINE BIBEL!

Name:

____

Jungschar:

____

Datum:

____

Highlight 3: Sozial, diakonisch, missionarisch mit Kindern unterwegs sein

Es ist einfach klasse, wenn unsere Kinder merken, dass Gott und Glaube ganz persönlich erfahrbar und erlebbar sind. „Seid nicht nur Hörer des Wortes, sondern Täter" schreibt Jakobus im ersten Kapitel seines Briefes (Vers 8). In der Beziehung zu Gott und im Glauben an ihn geht es nicht darum, dass ich mir irgendetwas verdiene - die Begegnung mit Gott und das ewige Leben ist ein unverdienbares Geschenk, Gott liebt uns grund- und bedingungslos (Markus 10,26.27; Epheser 2,1-10). Dennoch lässt Gott uns in dieser Welt und will durch uns andere Menschen mit seiner Liebe erreichen (Johannes 17,15-21; Psalm 67,2.3; Matthäus 28,19). „Habt einander lieb" - der Jünger Johannes schreibt es wiederholt.

Wie können wir nun mit unseren Kindern für Gott aktiv werden und seine Liebe an andere weitergeben? Wir können einzeln oder als Gruppe Gottes Wort und Liebe weitergeben, zum Beispiel ...

... aktiv

- Älteren Menschen praktisch helfen, z. B. im Herbst den Garten rechen, beim Einkaufen tragen helfen, verschiedene Aufgaben, die bei ihnen anstehen - anmelden, einladen, anpacken!

... musikalisch

- Ältere Leute im Ort zuhause besuchen und ihnen ein paar Lieder singen
- Im Krankenhaus singen (und evtl. noch eine Grußkarte verschenken)
- Im Altenheim/Seniorenwohnheim singen (und evtl. noch eine Grußkarte verschenken)

... schriftlich

- Bibeln / Neue Testamente oder Traktate verschenken (z. B. in einer Fußgängerzone)
- Grußkarten verteilen (z. B. an Lehrer, Bürgermeister usw.)
- Kalender am Jahresende / zum Jahreswechsel

... theatralisch

- ein Musical aufführen (im Gottesdienst oder separat)
- Theaterstück/Anspiel (im Gottesdienst oder bei einer anderen Veranstaltung, z. B. Schulfest)

... persönlich

- Überlegt zusammen mit den Kindern, wie dies z. B. in Andacht 10, Seite 62, praktisch umgesetzt werden kann, d.h. wie ich ganz persönlich den Menschen in meinem Umfeld Gottes Wort und Liebe weitergeben oder helfen kann.

Mehr Medien zur Bibel

Die Bibel spielen und erleben - AT und NT

Mit diesen beiden Büchern bekommt man 176 bzw. 154 Ideen zum AT bzw. NT, wie man auf spielerische Weise biblische Geschichten erklären und umsetzen kann. Zu 88 Texten des Alten und 77 Texten des Neuen Testamentes gibt es jeweils 2 Stundenvorschläge.

AT: 13,5 x 20,5 cm; 268 S.; Paperback | ISBN 978-3-87092-331-0
NT: 13,5 x 20,5 cm; 240 S.; Paperback | ISBN 978-3-87092-332-7
je Euro (D) 12,90/sfr 23,40/Euro (A) 13,30

Jungschar kreativ

100 kreative Bastelideen zu biblischen Geschichten

Bastelideen für Kinder- und Jungschargruppen mit Bastelanleitungen, Materialangaben, Vorlagen und Skizzen zu biblischen Geschichten und Themen. Kindern von 8 bis 12 Jahren gelingen die kreativen Arbeiten dann schon allein.

13,5 x 20,5 cm; 240 S.; Paperback | ISBN 978-3-87092-338-5
Euro (D) 9,90/sfr 18,50/Euro (A) 10,20

Da staunst du!

Glaubensgrundkurs für Kids von 8 bis 12 Jahren

8 Einheiten mit verschiedenen Bausteinen und Arbeitsblättern helfen dabei, die gute Nachricht altersgerecht weiterzugeben, egal ob Neulingen oder bereits erfahrenen Jungscharlern.

17 x 24 cm; 96 S.; Paperback | ISBN 978-3-87092-392-1
Euro (D) 7,90/sfr 14,60/Euro (A) 8,20

Die Bibel

lesen - verstehen - erklären

Diesem Buch geht es darum, einen Weg zu einem nachvollziehbaren Bibelverständnis nach klaren Regeln aufzuzeigen und einzuüben. Ein Leitfaden für alle, die Unterstützung darin suchen, an Bibeltexte verständlich heranzugehen, um sie dann auch umsetzen zu können.

14,8 x 21 cm; 80 S.; Paperback | ISBN 978-3-87092-457-7
Euro (D) 6,90/sfr 12,60/Euro (A) 7,10

Außerdem erschienen: Das Alte Testament, Das Neue Testament

BORN-VERLAG

Informationen und Leseproben unter **www.bornverlag.de**